365日の作りおき

毎日かんたん、毎日おいしい。

macaroni

Prologue

家事や育児、仕事など日々やるべきことが重なって、献立を考える時間やゆっくりご飯を作る時間がないという方も多いのではないでしょうか。

そんな毎日の料理や献立作りを手助けしてくれるのが〝作りおきおかず〟です。週末のまとまった時間に作っておけば、毎朝のお弁当作りや帰宅後の夕食作り、お昼ご飯のちょっとした副菜の用意がとっても楽ちんに。

本書は、ライフスタイルメディア「macaroni」の料理家と人気インスタグラマーが考えたオリジナルの作りおきレシピをまとめた一冊です。日々料理と向き合う人たちのノウハウやアイデアをぎゅっと詰めこみました。

あなたのお気に入りレシピが必ず見つかるこの一冊。毎日の献立作りにぜひお役立てください。

macaroni

macaroniおすすめの簡単でおいしい作りおきおかずが365レシピ大集合！

① 作りおきで家事がラクに

休日に、毎日のおかず作りでちょっと多めに、作りおきおかずを作っておけば、慌ただしい平日の食事作りがぐんとラクに。

② お弁当にも大活躍！

作りおきおかずはお弁当にも◎。メインのおかずにも、「あと一品」のおかずにも！

③ macaroniでも大人気の作りおきおかずのレシピを網羅！

macaroniの中でも人気のある作りおきおかずのレシピを、たーくさん集めました！

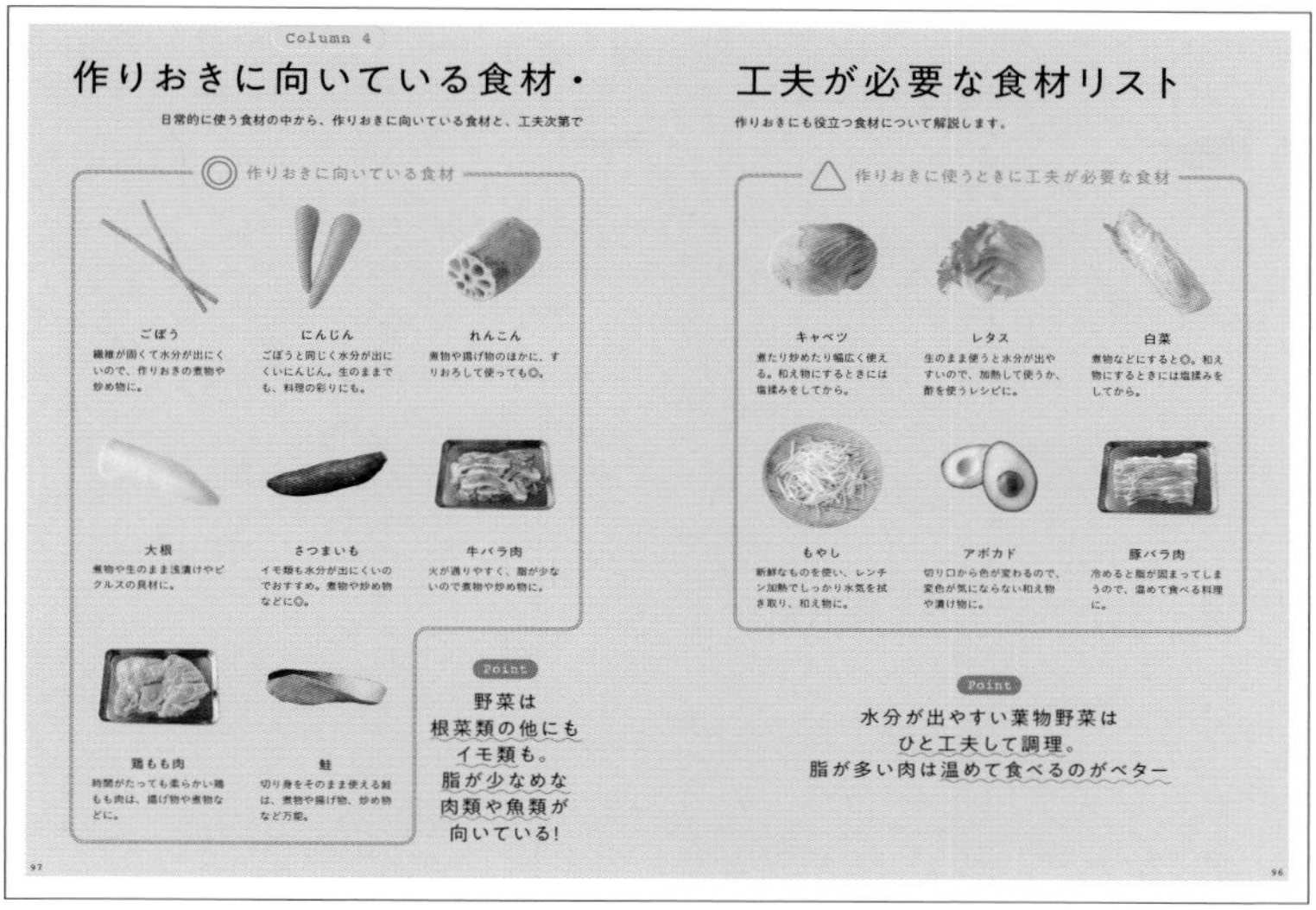

Column 4

作りおきに向いている食材・工夫が必要な食材リスト

日常的に使う食材の中から、作りおきに向いている食材と、工夫次第で作りおきにも役立つ食材について解説します。

◎ 作りおきに向いている食材

ごぼう
繊維が固くて水分が出にくいので、作りおきの煮物や炒め物に。

にんじん
ごぼうと同じく水分が出にくいにんじん。生のままでも、料理の彩りにも。

れんこん
煮物や揚げ物のほかに、すりおろして使っても◎。

大根
煮物や生のまま浅漬けやピクルスの具材に。

さつまいも
イモ類も水分が出にくいのでおすすめ。煮物や炒め物などに◎。

牛バラ肉
火が通りやすく、脂が少ないので煮物や炒め物に。

鶏もも肉
時間がたっても柔らかい鶏もも肉は、揚げ物や煮物などに。

鮭
切り身をそのまま使える鮭は、煮物や揚げ物、炒め物など万能。

Point
野菜は
根菜類の他にも
イモ類も。
脂が少なめな
肉類や魚類が
向いている!

97

△ 作りおきに使うときに工夫が必要な食材

キャベツ
煮たり炒めたり幅広く使える。和え物にするときには塩揉みをしてから。

レタス
生のまま使うと水分が出やすいので、加熱して使うか、酢を使うレシピに。

白菜
煮物などにすると◎。和え物にするときには塩揉みをしてから。

もやし
新鮮なものを使い、レンチン加熱でしっかり水気を拭き取り、和え物に。

アボカド
切り口から色が変わるので、変色が気にならない和え物や漬け物に。

豚バラ肉
冷めると脂が固まってしまうので、温めて食べる料理に。

Point
水分が出やすい葉物野菜は
ひと工夫して調理。
脂が多い肉は温めて食べるのがベター

96

コラムページももりだくさん!
作りおきに役立つ情報がたっぷり。

たとえば……

作りおきが初めて
という方は
≫ 14ページを見て
作りおきのルールから。

作りおきを
したことがあるけど、
うまくいかない
という方は
≫ 38ページを見て
おいしく食べるコツを。

いつも
作りおきしています
という方は
≫ どこからでも好きなページを
めくってください!

さっそく作りおきを始めましょう!

1月

2月

3月

4月

5月

6月

これだけは押さえておきたい 作りおきのルール

作りおきおかずを安全に食べていただくために、
ぜひ守ってほしいルールをご紹介します。
少しのことを気にするだけでおいしさが保たれて、長持ちします。

調理

① 肉・魚類には しっかり火を通す

「食べるときに電子レンジで加熱するから、ほどほどでいいや」と生焼けにしてしまうのはNG。肉・魚類の生焼けは食中毒のもとになります。生ものを使う場合はしっかりと火を通してから保存するようにしましょう。

② 塩分は 味を見て調節

保存している最中に食材に塩分が染み込んで、味が濃くなってしまうことがあります。作っている最中に少し薄味かも、と思っても食べるときにはちょうどよくなっていることもあるので、塩分の入れすぎには注意。食べるときに味が薄いと感じたら、そのつど調味料を足してみてください。

③ なるべく 早くさまして 保存容器に移す

料理ができたあとに温かい状態が続いていると傷みの原因になります。また、そのまま冷蔵庫に入れてしまうと庫内の温度が上がってしまうので、必ず粗熱を取ってから入れましょう。夏場は、調理した鍋やフライパンごと氷水で冷やして粗熱を取る方法もあります。

保存・取り分け

① 空気に触れないように保存

保存中、おかずが空気に触れると酸化により傷みが早くなります。きちんとふたをして保存し、取り分けは清潔な箸やスプーンで素早く。

② 再冷凍はしない

一度解凍したものは再冷凍せずに食べきるようにします。冷凍と解凍をくり返すと食中毒の原因に。一度で食べきれない量のおかずを冷凍するときは、小分けにして冷凍するのがおすすめです。

③ 長持ちさせるために保存容器はアルコール消毒もしくは煮沸消毒を

おかずを保存する容器は、あらかじめアルコールスプレー（キッチン用）を吹きかけたり煮沸消毒をしておくと安心です。容器に水分が残っていると傷みの原因になるので、しっかりと水分を拭き取ってからおかずを入れるようにしましょう。

煮沸消毒のしかた

金具やパッキンなど細かい部品がついている瓶は、煮沸消毒がおすすめ。基本的な消毒のしかたをご紹介します。

Step 1
瓶とふたを洗い、鍋に入れる

»

Step 2
かぶるくらいの水を入れて沸騰させ、そのまま5～8分加熱する

»

Step 3
キッチンペーパーの上に取り出し、よく乾燥させる

※鍋に入らない大きさの瓶はアルコールスプレーを吹きかけて消毒してください。

アルコール消毒のしかた

Step 1
容器にアルコールスプレーを吹きかける

»

Step 2
キッチンペーパーで拭き取る

作りおきに必要な道具

この本のレシピで作りおきおかずを作るのに必要な道具を紹介します。

調理

包丁

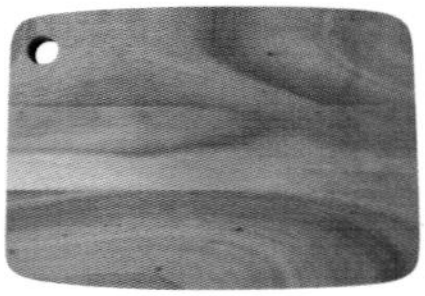
まな板

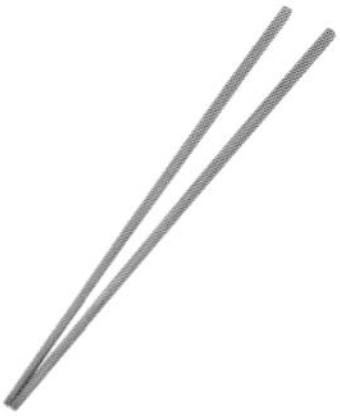
菜箸

おたま

フライパン

鍋

フライ返し

木ベラ

計量カップ

計量スプーン

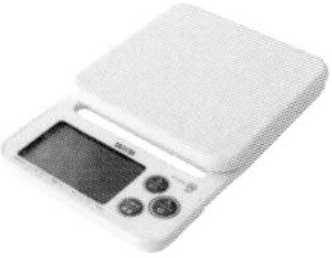
はかり

ボウル

バット

鍋敷き

ラップ

保存

保存容器

ホーロー容器

色や匂いが移りにくいので、どんなおかずにも便利。レンジはNGなので、温めるときは食べる分だけ耐熱容器に移し替えて。

ガラス容器

密閉できる瓶は、タレやソース、ピクルスなどを入れるのに便利。オーブンを使う料理にも○。

プラスチック容器

匂いや色が移りやすいので、揚げ物や淡い色のおかずに。そのままレンジで温めることができる。

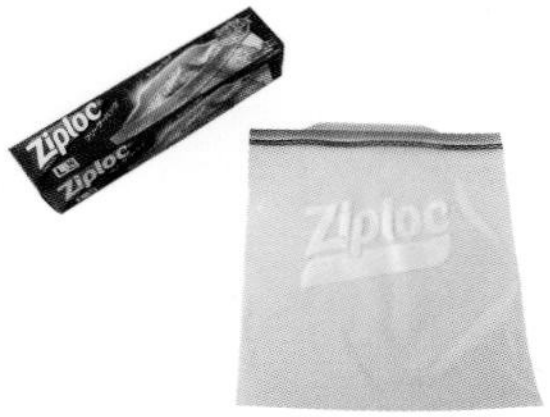

シリコンカップ・アルミカップ

お弁当などの小分け用に。電子レンジを使用する場合はシリコンカップ、オーブントースターを使用する際はアルミカップ、と使い分けを。

密閉保存袋

下味をつけて冷凍するおかずを作る際に使用。

その他

消毒グッズ

アルコールスプレー

保存容器や取り分け用のカトラリーの消毒に使用。口に入れても大丈夫なキッチン用のものを。

取り分け

清潔なカトラリー

おかずの取り分けに使うカトラリーは、口をつけていない清潔なものを使用しましょう。

ラベル

マスキングテープとペン

冷蔵庫で作りおきおかずを保存する際、ラベルに日付と中身を書いておくと便利です。

この本の見方・ルール

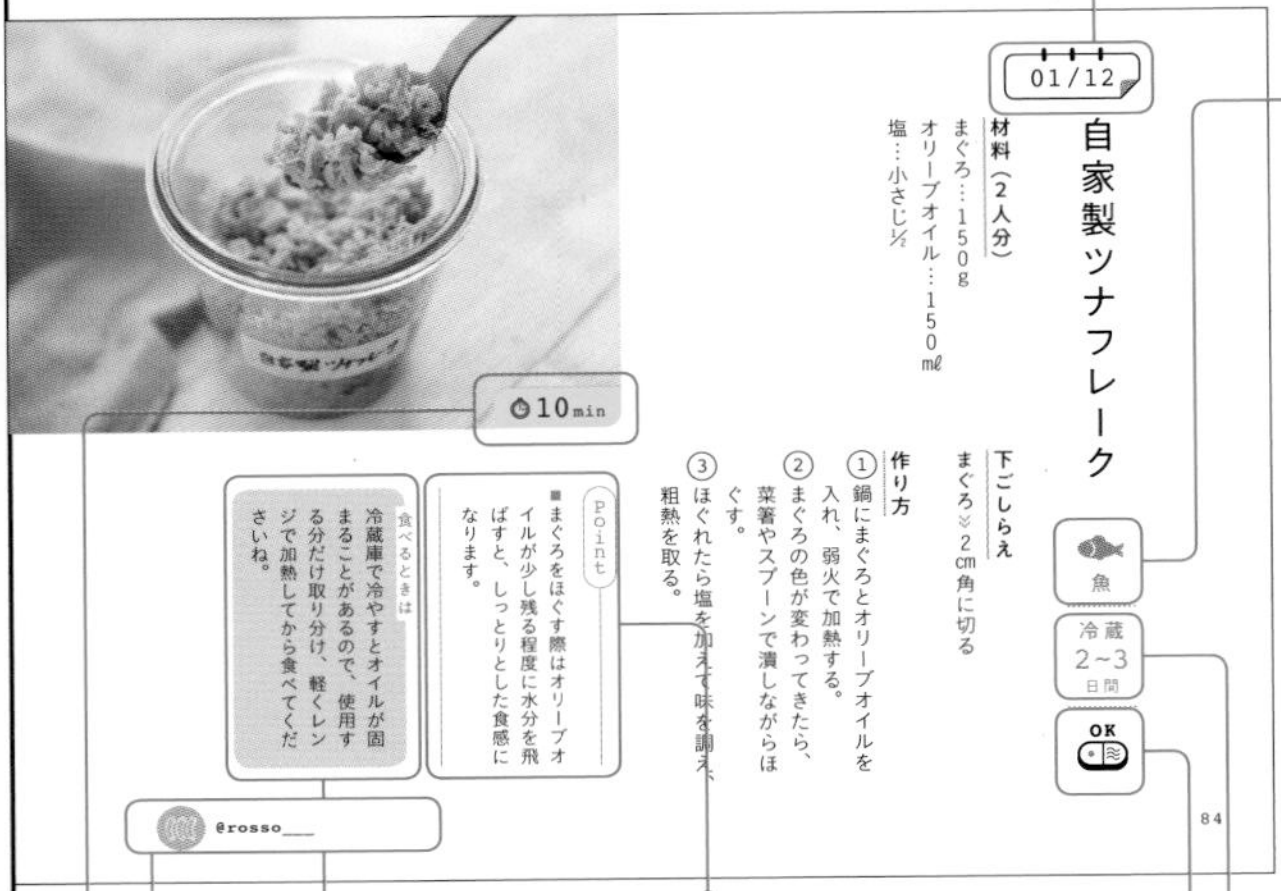
01/12
自家製ツナフレーク
材料（2人分）
まぐろ…150g
オリーブオイル…150㎖
塩…小さじ½
下ごしらえ
まぐろ≫2cm角に切る
作り方
①鍋にまぐろとオリーブオイルを入れ、弱火で加熱する。
②まぐろの色が変わってきたら、菜箸やスプーンで潰しながらほぐす。
③ほぐれたら塩を加えて味を調え、粗熱を取る。
Point
■まぐろをほぐす際はオリーブオイルが少し残る程度に水分を飛ばすと、しっとりとした食感になります。
食べるときは
冷蔵庫で冷やすとオイルが固まることがあるので、使用する分だけ取り分け、軽くレンジで加熱してから食べてください。
10min
@rosso___
魚
冷蔵 2~3 日間
OK
84

日付
作りおきおかずの日付です。

作りおきおかずの種類

- 肉：肉を使ったおかず
- 魚：魚介を使ったおかず
- 野菜：野菜を使ったおかず
- きのこ：きのこを使ったおかず
- ご飯：ご飯の素や主食、ご飯のおともになるレシピ
- 麺：麺を使ったレシピ
- デザート：果物を使ったレシピ
- その他：卵を使ったおかずやタレなど

保存方法・期限
おすすめの保存方法と、食べ終わるめやすです。冷凍の場合は途中まで調理をして「素」を作るレシピもあります。冷蔵は冷蔵庫で保存したときに食べ終わるめやす、冷凍は冷凍庫で保存したときに食べ終わるめやすです。

Point
作りおきおかずを作るためのコツやポイントです。

保存&食べるときは
保存方法や食べるときの解凍方法、調理方法を紹介しています。

お弁当マーク
お弁当に入れられるかどうかのマークです。

アカウント名
レシピを考案してくれたインスタグラマーのアカウントIDです。記載がないものは、macaroni考案のレシピです。

所要時間
作りおきおかずを作るのにかかる時間のめやすです。冷やす時間や粗熱を取る時間、漬け込む時間、下ごしらえの時間は含みません。

この本の決まりごと

- **火加減**…とくに記載のないときは中火で加熱しましょう。
- **電子レンジ**…600Wでの加熱が基準です。ほかのワット数で加熱したいときは、76ページの変換表を参考にしてください。機種によって加熱具合に差があるため、食材の様子を見ながらお持ちのレンジに合わせて加熱時間を調節しましょう。
- **オーブントースター**…1000Wでの加熱が基準です。
- **計量**…大さじは15㎖、小さじは5㎖です。調味料のひとつまみは、親指と人差し指と中指でつまんだ量、少々は小さじ1/4～1/2がめやすです。
- **にんにく・しょうが**…１片は10ｇです。チューブを使用するときは大さじ１（15ｇ）がめやすです。
- **バター**…とくに記載のないときは無塩バターを使用しています。
- **材料について**…野菜を洗う、皮をむく、ヘタを取るなどの工程や、きのこの石づきを取る、根元を切る、軸を除くなどの工程は省略している場合があります。
- **水・酢水にさらす**…アクを取るために水や酢水にさらしているレシピでは、水や酢水は分量に入っていません。また、さらしたあとはしっかり水気を切ってから調理に使いましょう。
- **下ゆで**…下ゆでに使う水や塩は分量に入っていません。たっぷりの湯を沸かし、下ゆでをしてください。下ゆでしたあとはしっかり水気を切ってから調理に使いましょう。

10月
11月
12月
の作りおき

10/01

ころころうずらのミートボール

⏱20min　OK　冷蔵2〜3日間　肉

材料（2人分）

豚こま切れ肉…18枚（360g）
　塩・こしょう…少々
　酒…少々
うずら卵（水煮）…18個
片栗粉…適量
サラダ油…大さじ1
はちみつ…大さじ2
ケチャップ…大さじ2½
しょうが（すりおろし）…小さじ1
A 酒…大さじ1
　酢…大さじ1
　しょうゆ…大さじ1
　水…大さじ3

下ごしらえ

豚肉≫塩・こしょう、酒をまぶす
A≫混ぜ合わせる

作り方

① 広げた豚肉1枚に、うずら卵1個をのせて巻く。同じように18個分巻き、片栗粉をまぶす。
② フライパンにサラダ油を熱し、①の巻き終わりを下にして焼く。焼き目がついてきたら、ころがしながら全体に焼き目をつけてふたをして弱火で6分ほど蒸し焼きにして一度取り出す。
③ 余分な油をキッチンペーパーで拭き取り、Aを加えて煮詰める。
④ ②を戻し入れて、全体に絡める。

Point

■はちみつではなく、砂糖やみりんを使ってもOK。

食べるときは

電子レンジ600Wで2分ほど加熱するか、フライパン（弱めの中火）で3分ほど蒸し焼きにする。

10/02

肉巻きオクラの照り焼き

肉
冷蔵 2~3日間
OK

15 min

材料（2人分）

豚ロース薄切り肉…8枚（200g）
塩・こしょう…少々
オクラ…8本
塩…少々
小麦粉…適量
サラダ油…大さじ1
A
- みりん…大さじ2
- 砂糖…大さじ1
- しょうゆ…大さじ1
- しょうが（すりおろし）…小さじ1

下ごしらえ

豚肉≫塩・こしょうをまぶす
オクラ≫塩揉みし、水で洗う。ヘタとガクを取り除く
A≫混ぜ合わせる

作り方

① 広げた豚肉の手前にオクラをのせて巻き、全体に小麦粉をまぶす。8個分繰り返す。
② フライパンにサラダ油を熱し、①の巻き終わりを下にして並べ入れ、全体に焼き色をつける。
③ 火が通ったらAを加え、強火で煮絡める。

Point
■表面に小麦粉をまぶすことで、たれが絡みやすくなります。

10/03

カニかまコールスロー

野菜
冷蔵 2~3日間

5 min

材料（2人分）

カニ風味かまぼこ…10本
キャベツ…¼玉（250g）
塩…小さじ½
A
- マヨネーズ…大さじ2
- 酢…大さじ1
- 砂糖…大さじ1

下ごしらえ

カニ風味かまぼこ≫ほぐす
キャベツ≫せん切りにし、塩をふって揉み込む。10分ほどなじませたら絞って水気を切る

作り方

① ボウルにAを入れて混ぜ合わせ、キャベツ、カニ風味かまぼこを加えて全体をなじませる。

Point
■キャベツの水気はしっかり切ると味がぼやけません。

食べるときは
お好みで黒こしょうをかけても○。サンドウィッチに挟んで食べてもおいしいですよ。

10/04

豚バラキムチ大根

15min

肉
冷蔵 2~3日間
OK

材料（2人分）
豚バラ肉（薄切り）…200g
大根…400g
キムチ…200g
焼肉のたれ…大さじ2
ごま油…小さじ2

下ごしらえ
豚肉≫4cm幅に切る
大根≫1cmの角切り

作り方
① フライパンにごま油を熱し、大根を炒める。
② 大根の表面が透き通ってきたら、豚肉を加えてさらに炒める。
③ 豚肉の色が変わってきたらキムチ、焼肉のたれを加えて混ぜながら炒める。

Point
■汁気がなくなるまでしっかりと炒めてください。
■豚バラの代わりに豚こまを使ってもOK。

食べるときは
白いりごまをかけて、韓国のりで巻いて食べてもおいしい！

10/05

梅ひじきふりかけ

10min

ご飯
冷蔵 4~5日間
OK

材料（作りやすい分量）
芽ひじき（乾燥）…10g
カリカリ梅…4個
A みりん…大さじ1
A 砂糖…大さじ1
A しょうゆ…大さじ1½
塩…少々
白いりごま…大さじ1
ごま油…小さじ½

下ごしらえ
芽ひじき≫たっぷりの水で戻し、しっかり水気を切る
梅≫粗みじん切り

作り方
① フライパンにひじきを入れ、弱火で2分ほど乾煎りする。
② 梅、Aを加え、汁気がなくなるまで炒める。
③ 仕上げに、白いりごま、ごま油を加えてサッと混ぜ合わせる。

Point
■ひじきは乾煎りして水分をしっかり飛ばしましょう。
■刻んだ大葉やちりめんじゃこを加えてもおいしいです。

10/06

きのことアボカドのほくほくホットサラダ

きのこ
冷蔵 2~3日間

材料（2人分）

しいたけ…4枚
まいたけ…½パック（50g）
しめじ…½パック（50g）
アボカド…1個
オリーブオイル…大さじ1
にんにく…1片
塩・こしょう…少々
A 砂糖…小さじ½
A ポン酢…大さじ2

下ごしらえ

しいたけ》5㎜幅の薄切り
まいたけ、しめじ》石づきを切り落としてほぐす
アボカド》2㎝の角切り
にんにく》薄切り

作り方

① フライパンにオリーブオイルとにんにくを入れて熱し、しいたけ、まいたけ、しめじを入れてサッと炒める。
② アボカドを加え、強火でしんなりするまで炒める。
③ Aを加えてサッと炒め合わせる。

食べるときは
お好みで黒こしょうをふって、パンにのせて食べてもおいしいです。

10/07

こんにゃくときのこのしみしみ甘辛煮

きのこ
冷蔵 2~3日間
OK

材料（2人分）

こんにゃく…1枚（220g）
しいたけ…6枚
まいたけ…1パック（100g）
しょうが（すりおろし）…小さじ1
ごま油…大さじ1
A 酒…大さじ1
A みりん…大さじ½
A 砂糖…大さじ1
A しょうゆ…大さじ2
A だし汁…100㎖

下ごしらえ

こんにゃく》表面に格子状の切り目を入れ、ひと口大にちぎる
しいたけ》2等分
まいたけ》ほぐす

作り方

① 耐熱容器にこんにゃくを入れ、かぶるくらいの水を入れてラップをかけ、電子レンジ600Wで2分加熱し、水気を切る。
② フライパンを熱し、①を入れて1分ほど乾煎りする。
③ ごま油、しょうがを加えて炒め合わせたら、しいたけ、まいたけを加えてさらに炒める。
④ Aを加えて落としぶたをし、弱めの中火で10~15分ほど煮詰める。

Point
■こんにゃくは表面に切り目を入れると味が染み込みやすくなります。
■お好みで豆板醤を加えてピリ辛にするのもおすすめです。

10/08

さといもとこんにゃくのみそ煮

野菜
冷蔵 2~3日間
OK

材料（2人分）
- さといも…150g
- こんにゃく…200g
- A
  - 水…150mℓ
  - だしの素…小さじ1/2
  - 酒…大さじ1
  - みりん…大さじ2
  - 砂糖…大さじ1/2
  - 合わせみそ…大さじ2
- 豆板醤…小さじ1
- ごま油…大さじ1

下ごしらえ

さといも≫水でよく洗い泥を落とす

こんにゃく≫ひと口大にちぎり、下ゆで

作り方

① 鍋に水とさといもを入れて15分ほどゆでる。

② 冷水に取り、粗熱が取れたら皮をむいてひと口大に切る。

③ 鍋を油を引かずに熱し、こんにゃくを入れて1分ほど乾煎りし、ごま油を加えてさらに炒める。

④ ②とAを加えて落としぶたをし、弱めの中火で15分ほど煮詰める。

Point

■こんにゃくはちぎることで味が染み込みやすくなります。

食べるときは

白髪ねぎを飾ってもおいしいですよ。

10/09

ピーマンと厚揚げの甘辛炒め

野菜
冷蔵 2~3日間
OK

材料（2人分）
- ピーマン…3個
- 厚揚げ…1枚（200g）
- A
  - だしの素…小さじ1
  - 砂糖…大さじ1 1/2
  - しょうゆ…大さじ2
  - 白いりごま…大さじ1
- ごま油…大さじ1

下ごしらえ

ピーマン≫ひと口大にちぎる

作り方

① フライパンにごま油を熱し、厚揚げをちぎりながら入れて焼き色をつける。

② こんがりと焼き色がついたらピーマンを入れて、2分炒める。

③ Aを加え、水分がなくなるまで炒める。

Point

■ピーマン、厚揚げはちぎると、味がなじみやすくなります。

■なるべく大きさをそろえると均一に火が通りやすいです。

10/10

ソーセージで簡単ロールキャベツ

30min

材料（2人分）

ソーセージ…8本
キャベツ…8枚
しめじ…50g
水…150㎖
A カットトマト缶…½缶（200g）
A コンソメ…小さじ2
A 塩・こしょう…少々

下ごしらえ

キャベツ≫葉を1枚ずつはがし、芯の厚いところをそぎ取る
しめじ≫石づきを切り落としほぐす

肉
冷蔵 2～3日間
OK

作り方

① キャベツはボウルに入れてラップをかけ、電子レンジ600Wで4分加熱する（葉が大きい場合は2回に分けて加熱する）。
② ①にソーセージをのせる。手前を1回折りたたみ、右側を折りたたんで巻いていき、左側の葉を中に押し込む。
③ ②を鍋に敷き詰め、水、A、しめじを入れ、落としぶたをして中火で15～20分煮て汁気を飛ばす。

Point
■巻くときに、片側の葉を中に押し込むことでしっかりと留まります。
■鍋にすき間なく入れるのが煮崩れせずにきれいに仕上がるポイントです。

10/11

ピリ辛しいたけの豚そぼろ

15min

材料（2人分）

豚ひき肉…200g
干ししいたけ…5本
しょうが…1片
豆板醤…小さじ1
A 酒…大さじ3
A 砂糖…大さじ1
A しょうゆ…小さじ2½
A 合わせみそ…大さじ1½
ごま油…大さじ1

下ごしらえ

干ししいたけ≫水で戻し、軸を切り落としてみじん切り
しょうが≫みじん切り
A≫ボウルに入れて混ぜ合わせる

肉
冷蔵 2～3日間
OK

作り方

① フライパンにごま油を熱し、しょうが、豆板醤を入れて弱火で炒める。香りが立ったらひき肉を入れて炒め、色が変わったらしいたけを加えてしんなりするまで炒める。
② Aを加えて、水分がなくなるまで煮詰める。

Point
■しょうがと豆板醤は焦げやすいので弱火でじっくり炒めてくださいね。
■ひき肉はそぼろ状になるまで炒めてから調味料を加えると味がよくなじみます。
■みその代わりに甜麺醤を使ってもOK。

10/12

ハニーケチャップチキン

20min

材料（2人分）

鶏むね肉…1枚
塩・こしょう…少々
A 酒…大さじ1
マヨネーズ…大さじ1
片栗粉…大さじ1
ケチャップ…大さじ2
はちみつ…大さじ1
サラダ油…大さじ1

下ごしらえ

鶏肉≫ひと口大に切りボウルに入れ、Aを加えて揉み込んで10分漬け込む

作り方

① 鶏肉に片栗粉を加えて混ぜ合わせる。
② フライパンにサラダ油を熱し、①を入れて両面焼く。
③ ふたをして5分蒸し焼きにし、ケチャップとはちみつを加えて絡める。

食べるときは
電子レンジなどで温め直して食べるとおいしいです。

肉
冷蔵 2~3日間
OK

10/13

のり塩バターちくじゃが

15min

材料（2人分）

ちくわ…4本
じゃがいも…160g
塩…少々
A だしの素…小さじ½
しょうゆ…小さじ1
バター（無塩）…15g
青のり…大さじ1
サラダ油…小さじ2

下ごしらえ

ちくわ≫斜め1cm幅に切る
じゃがいも≫よく洗い皮付きのまま半分に切る

作り方

① じゃがいもは電子レンジ600Wで2分加熱する。
② フライパンにサラダ油を熱し、①を加えて炒める。
③ じゃがいもに火が通ったらちくわを加えてさらに炒め、Aを加えて混ぜ合わせる。

Point
■じゃがいもは炒める前に電子レンジで加熱しておくと、炒める時間の短縮とくずれ防止になります。レンジの加熱時間は大きさに合わせて調整してください。

野菜
冷蔵 2~3日間
OK

10/14

キャベツとコーンのチーズ春巻き

⏱20min

OK（電子レンジ）

冷凍 2週間

野菜

材料（2人分）

キャベツ…4枚（200g）
コーン缶…1缶（100g）
プロセスチーズ…100g
春巻きの皮…10枚
大葉…10枚
水溶き小麦粉
〔小麦粉…大さじ1
水…大さじ1〕

下ごしらえ

コーン缶≫汁を捨て、キッチンペーパーで余分な水気を取る
プロセスチーズ≫1cm角の拍子木切り
キャベツ≫太めのせん切りにし、耐熱ボウルに入れ電子レンジ600Wで2分加熱してさましたら、キッチンペーパーで水気をしっかり取る

作り方

① 春巻きの皮のザラザラの面を広げて大葉をのせ、10分の1量のキャベツ、コーン、チーズをのせて巻き込む。巻き終わりを水溶き小麦粉で留め、同じものを10本作る。
② バットにクッキングシートを敷き、間隔をあけて春巻きを並べ、上からラップをかぶせ冷凍する。凍ったら密閉保存袋に入れて口を閉じ、冷凍庫に入れる。

Point

■春巻きは冷蔵保存はできません。具材を巻くと皮がふやけますので、すぐに冷凍してください。

食べるときは

凍ったまま160〜170℃で3〜4本ずつくらいを目安にじっくり揚げます。きつね色になったら裏返し、全体がカラッと揚がったら揚げ上がりの合図。凍った春巻きを解凍して揚げると油がはねて大変危険なので、必ず凍ったまま揚げてください。高温で揚げると破れて中身が出てしまうので、160〜170℃で揚げ始めてください。そのまま食べても十分おいしいですが、お好みで塩やチリソースなどをつけても◎。

10/15

みそ漬け半熟卵

⏱15min　OK（電子レンジ）　冷蔵 2~3日間　その他

材料（作りやすい分量）

卵…6個

A
- 合わせみそ…大さじ4
- はちみつ…大さじ2
- ごま油…小さじ1

酢…大さじ1

塩…小さじ1/3

下ごしらえ

卵≫尖っていないほうに小さなヒビを入れる

作り方

① 塩、酢を加えた熱湯に卵を静かに入れて6分間中火で加熱する。箸でときどきかき混ぜながらゆでる。

② 氷水に取り出して3分ほど浸けて殻をむき、水気を拭き取り、密閉保存袋に入れる。

③ ボウルにAを入れて混ぜ合わせ、②に入れて揉み込む。

④ 保存袋の空気をしっかり抜いてとじ、冷蔵庫で半日~1日漬ける。

Point

■卵に小さなヒビを入れておくことで殻がむきやすくなります。熱湯に入れておく酢には白身を固める作用があります。

10/16

豚肉とかぼちゃのごまみそ炒め

材料（2人分）

豚バラ肉（薄切り）…200g
塩・こしょう…少々
かぼちゃ…1/4個
長ねぎ…1/2本
しょうが…1片
A 酒…大さじ2
　みりん…大さじ2
　砂糖…小さじ2
　しょうゆ…小さじ1
　合わせみそ…大さじ1 1/2
白すりごま…大さじ2
サラダ油…小さじ2

肉
冷蔵 2~3日間
OK

下ごしらえ

豚肉≫4~5cm幅に切って、塩・こしょうをふる
かぼちゃ≫1cm厚さに切る。ボウルに入れてふんわりとラップをかけ電子レンジ600Wで2分30秒~3分加熱する
長ねぎ≫1cm幅の斜め切り
しょうが≫みじん切り

作り方

① フライパンにサラダ油を熱し、しょうがを入れて弱火で炒める。香りが立ったら豚肉を加えて炒め、長ねぎを加えたら中火にして炒めて取り出す。
② かぼちゃを入れて中火で両面焼き色をつける。①を戻し入れて、A、白すりごまを加えて中火で炒め合わせる。

10/17

えびとエリンギのバターしょうゆ炒め

材料（2人分）

無頭えび…8尾
　酒…大さじ1
　塩・こしょう…少々
　片栗粉…大さじ1/2
エリンギ…1パック（100g）
ニラ…1/2束（50g）
にんにく…1片
酒…大さじ1
しょうゆ…大さじ1
バター（無塩）…20g

魚
冷蔵 2~3日間
OK

下ごしらえ

えび≫殻をむいて背ワタを取り、酒、塩・こしょう、片栗粉をまぶして揉み込む
エリンギ≫長さを半分に切ってから5mm厚さに切る
ニラ≫3cm幅に切る
にんにく≫みじん切り

作り方

① フライパンにバター、にんにくを入れて弱火にかけ、香りが立ったらえびを並べ入れ、中火で両面をこんがりと焼く。
② エリンギを加えて炒め、しんなりしたらニラを加える。
③ 酒、しょうゆを回しかけ、強火でサッと炒め合わせる。

Point
■えびは片栗粉をまぶすとカリッと仕上がります。
■バターとにんにくは焦げやすいので、弱火~中火の火加減で炒めるのがポイントです。

10/18

じゃことわかめのふりかけ

ご飯
冷蔵 4~5日間
OK

10min

材料（作りやすい分量）

- 乾燥わかめ…10g
- ちりめんじゃこ…30g
- A
  - みりん…小さじ2
  - 砂糖…小さじ2
  - しょうゆ…大さじ1
  - 塩…小さじ1/3
- 白いりごま…大さじ1
- ごま油…小さじ1/2

下ごしらえ

わかめ≫水で戻し、大きいものがある場合は小さめにカットする

作り方

① フライパンに油を引かずにわかめを入れ、弱火で2~3分ほど乾煎りする。

② ちりめんじゃこ、Aを加えて汁気がなくなるまで炒める。

③ 仕上げに白いりごま、ごま油を加える。

Point
■わかめは乾煎りしてしっかりと水分を飛ばすのがポイントです。

10/19

豚ロースとさつまいものきんぴら

肉
冷蔵 3~4日間
OK

15min

材料（2人分）

- 豚ロース肉…200g
- 塩・こしょう…少々
- 片栗粉…適量
- さつまいも…1本（200g）
- サラダ油…大さじ1
- バター（無塩）…15g
- A
  - 酒…大さじ2
  - みりん…大さじ2
  - しょうゆ…大さじ2
  - 砂糖…大さじ1

下ごしらえ

豚肉≫大きめのひと口大にカットし、塩・こしょうをふり、片栗粉を薄くまぶす

さつまいも≫1㎝角の拍子木切りにしたら、水を入れたボウルに入れ、5~10分さらす

作り方

① フライパンにサラダ油を熱し、豚肉を入れて両面に焼き色がついたらいったん取り出す。

② ①のフライパンにバターを入れて溶かし、さつまいもを加えて中火で炒める。さつまいもに焼き色がついてきたら、Aを加えて汁気がなくなるまで煮詰め、①を戻し入れてサッと炒める。

Point
■さつまいもは水にさらすことで色がきれいに出ます。

20min

10/20

ひと口明太クリームパスタ

麺
冷凍 2週間
OK

材料（2人分）

スパゲッティ…60g
水…200㎖
牛乳…100㎖
塩・こしょう…少々
明太子…1本
バター（無塩）…15g
昆布茶…小さじ1
刻みのり…適量

下ごしらえ

明太子≫薄皮から取り出し、ほぐす

作り方

① フライパンに水、牛乳、塩・こしょうを入れて加熱する。
② 煮立ったらスパゲッティを半分に折って入れ、ふたをして袋の表示時間どおりにゆでる。
③ バター、昆布茶、明太子を加えてよく混ぜる。
④ ③をおかずカップに6分の1量ずつ入れ、粗熱が取れたら刻みのりをトッピングする。

食べるときは
レンジで加熱してさましてからお弁当に入れてください。

Point
■カップごと保存容器に移し、乾燥を防ぐためラップをかけてしっかり密閉して冷凍庫で保存します。しっかり密封すれば、密閉保存袋でも保存可能です。

30min

10/21

肉巻き小松菜のみそ照り焼き

野菜
冷蔵 2~3日間
OK

材料（2人分）

豚ロース肉（薄切り）…300g
塩・こしょう…少々
小松菜…300g
小麦粉…適量
サラダ油…大さじ1
A
酒…大さじ2
みりん…大さじ1
砂糖…大さじ2
しょうゆ…小さじ2
みそ…小さじ1

下ごしらえ

豚肉≫塩・こしょうをふる
小松菜≫根元を切り、塩（分量外）を入れた熱湯で2分ゆで、冷水に取り絞って水気を切る

作り方

① 豚肉を広げ、小松菜をのせてきつく巻き小麦粉をふる。
② フライパンにサラダ油を熱し、①を並べ入れ、焼き色がつくまで5分焼く。
③ ②にAを入れて3分煮詰める。
④ 取り出して2㎝幅に切る。

Point
■小松菜の根元の泥はしっかりと洗い流してください。
■小松菜の水気はゆでたあとにしっかりと絞ると、肉巻きにしたとき水っぽくならずに焼けます。

10/22

野菜たっぷり炒り豆腐

野菜
冷蔵 2~3日間
OK

材料（2人分）

木綿豆腐…1丁（300g）
鶏むね肉…100g
塩・こしょう…少々
酒…小さじ1
にんじん…½本（75g）
ごぼう…½本（75g）
しいたけ…2本
さやいんげん…4本
だし汁…100mℓ
A みりん…大さじ2
A 砂糖…大さじ1
A しょうゆ…大さじ2
ごま油…大さじ1

下ごしらえ

豆腐≫キッチンペーパーで包んで耐熱容器に入れ、電子レンジ600Wで2分加熱し、重しをのせて10分水切り
鶏肉≫1cm角に切り、塩・こしょう、酒をまぶして揉み込む
にんじん≫1cm幅の短冊切り
ごぼう≫ささがきにして水にさらす
しいたけ≫石づきを落として薄切り
いんげん≫2cm長さに切る

作り方

① フライパンにごま油を熱し、鶏肉を炒める。色が変わったらにんじん、ごぼう、しいたけ、いんげんの順に加えて炒める。
② 具材に火が通ったら豆腐を加え、木ベラで崩しながら炒め合わせる。
③ だし汁、Aを加え、水分がなくなるまで煮詰める。

10/23

ピーマンとえのきの塩昆布バター炒め

きのこ
冷蔵 2~3日間
OK

材料（2人分）

ピーマン…3個
えのきだけ…½袋（100g）
サラダ油…大さじ½
A 塩昆布…10g
A バター（無塩）…5g
A こしょう…少々

下ごしらえ

ピーマン≫縦半分に切り、繊維を断つように細切り
えのき≫石づきを切り落として長さを3等分にし、手でほぐす

作り方

① フライパンにサラダ油を熱し、ピーマンを1分ほど炒める。
② えのきを加えてサッと炒めたらAを加え、強火で水分を飛ばすように全体を炒める。

Point

■ピーマンは繊維を断つように切ることで、やわらかい食感になります。
■きのこは水分が出やすい食材なので、強火で水分を飛ばすようにサッと炒めます。

10/24

さっぱり塩レモン唐揚げ

30min

OK　冷凍 2週間　肉

材料（2人分）

鶏もも肉…1枚（300g）

A
- 酒…大さじ1
- 塩…小さじ½
- にんにく（すりおろし）…小さじ½
- 鶏ガラスープの素…小さじ1½
- レモン果汁…大さじ1
- ごま油…大さじ1

片栗粉…適量
サラダ油…適量

下ごしらえ

鶏肉≫余分な皮と脂肪を取り除き、12等分に切る

作り方

① ボウルに鶏肉とAを入れて揉み込んで15分ほど置き、片栗粉をまぶす。

② フライパンに深さ0.5cmほどサラダ油を入れて170℃に熱し、①を入れて揚げ焼きにする。片面3分ずつ焼いたら油を切る。お好みでレモンを添える。

Point

■冷凍用に少し味付けが濃くなっているので、冷凍せずにそのまま食べる際は調味料の分量を調整してください。

保存&食べるときは

2個ずつおかずカップに移して保存容器に入れ、しっかりとふたをして冷凍庫で保存します。食べる半日前に冷蔵庫に移して解凍し、電子レンジ600Wで30秒〜1分加熱します。

10/25

トマトすき焼き風牛肉のしぐれ煮

20min

OK
冷蔵 2~3日間
肉

材料（2人分）

牛こま切れ肉…300g
トマト…1個
玉ねぎ…½個（100g）
水…50㎖
A
酒…50㎖
砂糖…大さじ2
しょうゆ…大さじ2
めんつゆ（3倍濃縮）…小さじ1

下ごしらえ

トマト≫くし形切り
玉ねぎ≫1.5cm幅のくし形切りにしてから、耐熱ボウルに入れてふんわりとラップをかけ、電子レンジ600Wで2分加熱する

作り方

① フライパンにトマトを入れ、ヘラで潰しながら加熱し、水分を飛ばす。
② 玉ねぎと牛肉を加えてさらに炒め、肉に焼き色がついたら水とAを加え、強火で汁気がなくなるまで煮詰める。
③ フライパンの底が見えてくるまで煮詰まったら火を止める。

Point

- 最初にトマトだけを焼いて水分を飛ばすことで、甘さとうま味が引き出され、おいしく仕上がります。
- 調味料を加えたらしっかりと煮詰めて水分を飛ばすのもポイントです。

食べるときは
お好みで大葉のせん切りを添えてもおいしいです。

10/26

鮭ときのこのレンチン和風マリネ

20min

材料（2人分）

生鮭…2切れ
塩…少々
えのきだけ…1/2パック（100g）
しめじ…1パック
A みりん…大さじ2
A 酢…大さじ3
A しょうゆ…大さじ1/2
A めんつゆ（2倍濃縮）…大さじ2

下ごしらえ

鮭≫塩をふって下味を付け、皮目に切り込みを2、3か所入れる
えのき≫石づきを切り落とし、長さを半分に切ってほぐす
しめじ≫石づきを切り落としてほぐす
A≫混ぜ合わせる

作り方

① 耐熱容器に鮭を入れ、えのきとしめじ、Aを加え、サッと全体を混ぜる。
② ラップをかけて電子レンジ600Wで4分30秒加熱する。

Point
■塩鮭を使うと塩辛くなるため、生鮭を使用してください。
■鮭の皮に切り込みを入れることで、レンジ加熱による鮭の爆発を防げますよ。

魚
冷蔵 1〜2日間

10/27

さつまいものバター煮

15min

材料（2人分）

さつまいも…1本（200g）
水…適量
砂糖…大さじ2
バター（無塩）…15g

下ごしらえ

さつまいも≫2cm厚さの輪切りにし、水にさらす

作り方

① 鍋にさつまいも、ひたひたの水、砂糖、バターを加えてひと煮立ちさせる。
② 落としぶたをして弱火で5分煮て、裏返して3分ほど煮る。

Point
■煮崩れを防ぐため、水は入れすぎないようにし、さつまいもはなるべく大きさを揃えて切りましょう。

野菜
冷蔵 2〜3日間
OK

10/28

ツナ玉そぼろ

15min

魚
冷蔵 2~3日間
OK

材料（2人分）

ツナ缶…2缶
玉ねぎ…¼個
しょうが…1片
赤唐辛子（輪切り）…1本分
A ─ 酒…小さじ1
　　みりん…小さじ2
　　砂糖…大さじ½
　　しょうゆ…大さじ1
サラダ油…大さじ1

下ごしらえ

ツナ缶≫油を切る
玉ねぎ、しょうが≫みじん切り

作り方

① フライパンにサラダ油を熱し、玉ねぎ、しょうが、赤唐辛子を入れて、玉ねぎが透き通るまで炒める。
② ツナを加え、さらに炒める。
③ Aを加え、水分を飛ばしながらさらに炒める。

Point
■玉ねぎを透き通るまで炒めることによって甘味が増します。水分を飛ばすと味がしっかりツナに染み込み、おいしく仕上がります。

10/29

みそマヨとんかつ

20min

肉
冷蔵 3~4日間
OK

材料（2人分）

豚こま切れ肉…350g
塩・こしょう…少々
A ─ マヨネーズ…大さじ1½
　　みそ…大さじ1½
パン粉…40g

作り方

① ボウルに豚肉、Aを加え混ぜる。
② ひと口分取り、手で丸めてパン粉をまぶす。
③ サラダ油（分量外）を塗った天板に②をのせて、トースターで15分焼く。

Point
■形が崩れやすいので手でしっかりと握ってください。
■パン粉は多めにつけると香ばしくなりおいしいです。

⏱10min

10/30

いんげんとパプリカのレンチンマリネ

野菜

冷蔵 2~3日間

OK

材料（2人分）

黄パプリカ…1個（150g）
赤パプリカ…1個（150g）
さやいんげん…10本（40g）
塩…少々

A
砂糖…小さじ1
酢…大さじ2
塩・こしょう…少々
オリーブオイル…大さじ3
にんにく（すりおろし）…小さじ½

下ごしらえ

パプリカ≫細切り
いんげん≫ヘタと筋を取り除き、半分に切る

作り方

① 耐熱ボウルにパプリカ、いんげん、塩を入れて混ぜ合わせ、ラップをかけて電子レンジ600Wで4分加熱する。取り出してキッチンペーパーで水気を拭き取る。

② Aを加えて全体を混ぜ合わせる。

Point

■野菜を加熱したあと、しっかり水気を拭き取るのがポイントです。
■酸味が気になる場合は、酢を電子レンジで加熱してから加えるとまろやかな味わいに仕上がります。

⏱20min

10/31

鶏むね肉とれんこんののり塩つくね

肉

冷蔵 2~3日間

OK

材料（2人分）

鶏むね肉…1枚
れんこん…2節（200g）
酒…大さじ1
塩…小さじ⅓

A
青のり…小さじ2
粉チーズ…大さじ1½
マヨネーズ…大さじ1
片栗粉…大さじ2

酒…小さじ2
サラダ油…大さじ1

下ごしらえ

鶏肉≫余分な皮と脂を取り除き、粗みじん切り
れんこん≫ビニール袋に入れて細かくなるまでたたく

作り方

① ボウルに鶏肉、れんこんを入れ、Aを加えて粘りが出るまで混ぜ合わせ、スプーンですくい取る。

② サラダ油を熱したフライパンに①を入れて焼き目がつくまで焼き、裏返して酒を加え、ふたをして弱火で5分ほど蒸し焼きにする。

Point

■成形しにくい場合は、片栗粉を少し足してみてください。
■焼いているときは、あまり触らずじっくり焼くと崩れにくいです。

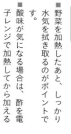

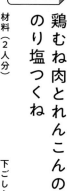

Column 1

作りおきおかずをもっとおいしく食べるには？

作りおきおかずは、時間のない日や「もう一品ほしい」というときに大活躍しますが、「あれ？　なんだかおいしくないかも？」ということはありませんか？　そんなお悩みを解消しておいしく食べるコツをご紹介します。

お悩み 1

なんだが味が薄くて、べちゃっとしている

»

野菜から水分が出ないよう工夫してみよう

和え物や炒め物など、水分が出てしまうとおいしさが半減してしまうおかずは、不要な水気を切ってから保存します。時間が経ってどうしても水分が出てしまう場合は、かつおぶしやすりごまなど、水分を吸収しやすい食材を入れてみるのもいいでしょう。

お悩み 2

揚げ物を温めるとカリッとならない

»

レンジとトースターをW使い！

電子レンジで温めるとベチャッとしてしまうけど、トースターで温めると表面が焦げてしまう……そんなときは、あらかじめレンジでおかずを中まで温めておいてから、トースターで表面をカリッと仕上げるのがおすすめです。

お悩み 3

レシピに書いてある食材や調味料がない……！

»

お好みに合わせて代用してみよう

調味料はお好みに合わせて代用してもOK。しょっぱくなりすぎないよう、味を見て調整しながら入れてください。材料がない場合や苦手な場合は、肉類なら同じ肉の他の部位に、根菜なら他の根菜……など似ている食材で代用して、お好みのおかずを作ってみてください。

お悩み 4

温め直すと
肉が固くなって
しまいます

≫

砂糖水で加水してから調理

鶏むね肉や鶏ささみなど、温めすぎると固くなってしまう肉を使う場合は、調理前に砂糖水で揉み込んでおくと水分が保たれて、しっとりやわらかく仕上がります。

お悩み 5

おかずを
作りすぎて味に
飽きてしまった

≫

万能のヒーロー「チーズ」を使ってアレンジ

何日間も同じ作りおきおかずを食べ続けていると味に飽きてしまうこともありますよね。そんな場合は、チーズで簡単に味変してしまいましょう！　温めて食べるおかずはチーズをかけてから温めると、味が変わっておいしく食べられます。

お悩み 6

味が染み込み
すぎてしょっぱく
なってしまった

≫

他の料理に混ぜるなどアレンジして楽しんで

保存しているうちに、味が濃く、しょっぱくなってしまったおかずはそのままではなく、アレンジして食べてみましょう。ご飯に入れて混ぜご飯にしたり、サラダやうどんの具材にしてみるのもおすすめです。

作りおきおかずはおいしく食べてこそ！　調理のコツや温め方の
工夫を知ってもっとおいしい作りおきLIFEに！
ご自身で食材や調味料などをアレンジしていくうちに、
お好みのレシピが完成してさらにおいしく食べられるかも◎

11/01

長ねぎのしょうがじょうゆ焼きびたし

野菜

冷蔵 2~3日間

OK

材料（2人分）

長ねぎ…2本

だし汁…100㎖

（だしの素…小さじ1/3
水…100㎖）

A
しょうが（すりおろし）…大さじ1/2
酒…大さじ1
みりん…大さじ1
しょうゆ…大さじ1

ごま油…大さじ2

下ごしらえ

長ねぎ≫4~5cm幅に切り、表面に切り目を入れる

作り方

① フライパンにごま油を熱し、長ねぎを並べ入れて両面に焼き目をつけたら、バットに移す。

② ①のフライパンの汚れをキッチンペーパーで拭き取り、Aを煮立たせる。熱いうちに①に注ぎ、10分ほど置いて味をなじませる。

食べるときは

食べる直前にお好みでかつおぶしを散らしてください。

11/02

白菜とささみのラーポンあえ

野菜

冷蔵 2~3日間

OK

材料（2人分）

白菜…250g

塩（塩揉み用）…小さじ1/2

鶏ささみ…3本

酒…大さじ2

塩・こしょう…少々

A
鶏ガラスープの素…小さじ1/4
ポン酢…大さじ2 1/2
白すりごま…大さじ1
ラー油…大さじ1
ごま油…小さじ2
砂糖…小さじ1/2

下ごしらえ

白菜≫1cm幅のざく切り

鶏ささみ≫筋を取り除く

作り方

① ボウルに白菜、塩を入れて揉み込み5分ほど置いたら、絞って水気を切り別のボウルに移す。

② 鶏ささみに酒、塩・こしょうをなじませ、ふんわりラップをかけて電子レンジ600Wで2分30秒加熱する。粗熱を取り、手で細かくほぐしたら①に加える。

③ ②のボウルに鶏ささみを加熱したときに出た汁（大さじ1ほど）、Aを加えて、全体がよくなじむまで混ぜ合わせる。

Point

■ラー油の量はお好みで調整してください。

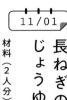

11/03

鶏むね肉のヤンニョムチキン

15min

OK（電子レンジ）

冷蔵 2~3日間

肉

材料（2人分）

鶏むね肉…1枚
酒…大さじ1
塩…ひとつまみ
こしょう…少々
片栗粉…適量
ピーマン…3個
A にんにく(すりおろし)…小さじ1
　はちみつ…大さじ½
　しょうゆ…大さじ1
　コチュジャン…大さじ2
豆板醤…小さじ2
ごま油…大さじ1

下ごしらえ

鶏肉≫余分な脂と皮を除き、フォークで刺して、ひと口大のそぎ切り
ピーマン≫乱切り

作り方

① ボウルにAを混ぜ合わせてたれを作る。
② 別のボウルに鶏肉を入れて、酒、塩・こしょうで下味を付けたら片栗粉を全体にまぶす。
③ フライパンにごま油を熱し、②を入れて焼き目がついたら、裏返してふたをして弱火で3分蒸し焼きにする。
④ ピーマンを入れてサッと炒め合わせ、①のたれを回し入れて汁気がなくなるまで炒める。

Point

- 鶏むね肉は下味を揉み込み片栗粉でコーティングするとパサつきが抑えられます。
- 豆板醤はお好みの辛さに合わせて量を調節してください。

食べるときは

白いりごまをふって食べるとさらにおいしくなります。

11/04

明太なめたけ

ご飯
冷蔵 2~3日間

材料（2人分）

えのきだけ…1袋
明太子…1本（50g）
A
酒…大さじ1½
みりん…大さじ2
砂糖…大さじ½
しょうゆ…大さじ2

下ごしらえ

えのき≫1.5cm幅に切る
明太子≫ほぐす

作り方

① えのきを耐熱ボウルに入れて、Aを加えてふんわりラップをかけて電子レンジ600Wで3分加熱する。
② 一度取り出し、明太子を加えてざっと混ぜ合わせ、ふんわりラップをかけて再度電子レンジで1~2分加熱する。

食べるときは
ご飯や豆腐にのせたり、アレンジを楽しんでください。

11/05

鶏ももとこんにゃくのコクみそ煮

肉
冷蔵 2~3日間
OK

材料（2人分）

こんにゃく…300g
鶏もも肉…300g
塩・こしょう…少々
片栗粉…大さじ1
ごま油…大さじ1
水…200ml
A
酒…大さじ1
砂糖…大さじ1
しょうゆ…大さじ1
みそ…大さじ1

下ごしらえ

こんにゃく≫ひと口大にちぎって耐熱ボウルに入れ、かぶるくらいの水を入れて電子レンジ600Wで2分加熱し、水気を切る
鶏肉≫余分な皮と脂を除き、ひと口大に切る。塩・こしょうで下味を付け、片栗粉をまぶす

作り方

① フライパンにごま油を熱し、こんにゃくを入れて炒め、水とAを加える。
② アクを取りひと煮立ちしたら、鶏肉を入れ落としぶたをし、中火で10~15分煮る。
③ 落としぶたを取り、水分が少なくなるまで煮詰める。お好みで小ねぎを散らす。

Point
■こんにゃくは手でちぎってもOKですが、スプーンやコップのふちを当ててちぎると均一な大きさに切れます。

11/06

ごぼうとさつまいもの黒酢豚きんぴら

15min

OK

冷蔵 2~3日間

野菜

材料（2人分）

豚ロース肉（薄切り）…150g
塩・こしょう…少々
片栗粉…大さじ1
ごぼう…1本
さつまいも…½本（150g）
酒…大さじ1
みりん…大さじ1
A 砂糖…大さじ1
黒酢…大さじ2
しょうゆ…大さじ1½
サラダ油…適量

下ごしらえ

豚肉≫1cm幅に切り、塩・こしょう、片栗粉をまぶす
ごぼう≫5cm長さに切り、5mm幅の細切りにして水にさらす
さつまいも≫皮ごと5cmの長さ、5mm幅の細切りにして水にさらす

作り方

① フライパンにサラダ油を1cmほど入れて170℃に熱し、豚肉を入れてカリッとなるまで揚げ焼きにし、火が通ったら取り出す。
② ①のフライパンにごぼう、さつまいもを加えて2分ほど揚げ焼きにし、火が通ったら取り出す。
③ フライパンの油を拭き取り、Aを入れて火にかける。ふつふつとしてきたら①、②を入れ、強火で全体に煮絡める。

Point

■豚肉は片栗粉をまぶしてカリッと揚げるのがポイントです。
■食材の大きさをそろえて切ると味がなじみやすく、食べやすくなります。

食べるときは

お好みで白いりごまをふって召し上がれ。

11/07

しいたけと厚揚げのうま煮

20min

材料（2人分）

しいたけ…8枚
厚揚げ…200g
にんじん…⅓本
だし汁…300㎖
（だしの素…小さじ⅔
水…300㎖）
A
みりん…大さじ2
砂糖…大さじ1
しょうゆ…大さじ2
ごま油…大さじ½

きのこ
冷蔵 2~3日間
OK

下ごしらえ

しいたけ≫軸を切り落とし、半分に切る
厚揚げ≫熱湯をかけて油抜きする。キッチンペーパーでおさえて水気を取り、8等分に切る
にんじん≫3㎜厚さの輪切り

作り方

① 深さのあるフライパンにごま油を熱し、厚揚げを炒める。
② しいたけ、にんじんを加えて炒め、油がまわったらAを加えて落としぶたをし、中火で10分煮込む。

Point

■厚揚げは熱湯をかけて油抜きすると、油臭さがなくなり味の染み込みもよく、ふっくらと仕上がります。
■にんじんはお好みで花形に飾り切りすると華やかに。

11/08

鶏むね肉とさつまいもの甘辛炒め

25min

材料（2人分）

鶏むね肉…1枚
酒…大さじ1
砂糖…小さじ1
塩…少々
さつまいも…1本（250g）
A
焼肉のたれ…大さじ2
コチュジャン…大さじ1
にんにく（すりおろし）…小さじ1
片栗粉…適量
ごま油…大さじ1

肉
冷蔵 2~3日間
OK

下ごしらえ

鶏肉≫余分な脂と皮を除きひと口大に切ったら酒、砂糖、塩を揉み込み10分置く
さつまいも≫皮付きのままひと口大の乱切りにして5分水にさらす
A≫混ぜ合わせる

作り方

① さつまいもは耐熱ボウルに入れ、ラップをかけて電子レンジ600Wで4分加熱する。
② フライパンにごま油を熱し、片栗粉をまぶした鶏肉を並べ入れ焼き色がついたら裏返し、①を加えて炒め合わせる。
③ Aを加えて全体に味を絡める。

Point

■鶏むね肉は焼く前に片栗粉をまぶすとパサつきが抑えられ、しっとりした仕上がりになります。
■さつまいもは電子レンジで加熱すると炒め時間を短縮できます。

11/09

もっちりれんこん餅のわさび磯辺

野菜

冷蔵 2~3日間

OK

材料（2人分）

れんこん…2節（350g）
焼きのり…½枚
塩…ひとつまみ
片栗粉…大さじ2
酒…大さじ1
みりん…大さじ1
A 砂糖…小さじ1
しょうゆ…小さじ2
わさび…小さじ1
サラダ油…大さじ1

下ごしらえ

れんこん≫6枚を薄くスライスし、酢水（分量外）に5分さらしてキッチンペーパーで水気を拭き取る。残りはすりおろして軽く絞って水気を切る
焼きのり≫細長く6等分に切る
A≫混ぜ合わせる

作り方

① すりおろしたれんこんに塩、片栗粉を混ぜ合わせて6分の1量ずつ手に取って丸め、形を整えて輪切りにしたれんこんを押さえつけて焼きのりを巻く。
② 全体に片栗粉（分量外）をふる。
③ フライパンにサラダ油を熱し、②を並べ入れて中火で焼く。両面に焼き色がついたら、Aを加えて煮絡める。

Point
■すりおろしたれんこんは軽く水気を切ると食感がよくなります。
■辛いものが好きな場合は、わさびの量を増やしてみてください。

11/10

はんぺんお好み焼き

その他

冷蔵 2~3日間

OK

材料（2人分）

はんぺん…1枚（100g）
キャベツ…2枚（100g）
揚げ玉…大さじ2
卵…1個
小麦粉…40g
水…80㎖
サラダ油…大さじ1

下ごしらえ

キャベツ≫せん切り

作り方

① ボウルにはんぺんを入れてフォークで潰す。
② ①に卵、小麦粉、水を加えて混ぜ合わせ、キャベツ、揚げ玉を加えてさっくり混ぜ合わせる。
③ 卵焼き器にサラダ油を半量熱し、生地半量を全体に広げる。こんがり焼けたら裏返し、両面焼く。残りの生地も同様に焼く。
④ 粗熱を取り、食べやすい大きさにカットする。お好みで青のりと紅しょうがを飾る。

Point
■はんぺんを入れることで時間がたっても生地がふんわりと仕上がりますよ。
■水の代わりにだし汁で作ると風味が増すのでおすすめです。

11/11

こくうま味玉

その他
冷蔵 2~3日間
OK

材料（作りやすい分量）

卵…6個
オイスターソース…大さじ2
めんつゆ（3倍濃縮）…大さじ2
水…大さじ2

下ごしらえ

めんつゆ≫水とあわせる
卵≫冷蔵庫から取り出して常温に戻す

作り方

① 深さのあるフライパンに卵を入れ、卵が半分浸かるくらいの高さまで水を入れる。
② ①を火にかけ沸騰するまで菜箸で卵を転がし、沸騰したらふたをして7分ゆでる。
③ 水を入れたボウルに移し、粗熱を取ったらさらに冷水に入れて5分ほど冷やす。皮をむいて密閉保存袋に入れる。
④ オイスターソースとめんつゆを混ぜ合わせ、③の袋に加える。口を閉め、全体を揉んでなじませる。
⑤ 保存袋の空気を抜いてしっかりと口を閉め、冷蔵庫で半日～1日漬ける。

Point
■ゆで卵はふたをしてゆでることで、少ない水の量で作ることができます。

11/12

ぶどうのコンポート

デザート
冷蔵 3~4日間
OK

材料（作りやすい分量）

ぶどう…1房（約500g）
グラニュー糖…100g
水…400㎖
レモン果汁…大さじ1

下ごしらえ

ぶどう≫房から実をはずす

作り方

① 鍋にたっぷりの湯を沸かし、ぶどうをサッとくぐらせて冷水に取り、皮をむく。
② 鍋にぶどうの皮、グラニュー糖、水を入れて火にかける。
③ 沸騰したらザルでこして皮を取り除く。ぶどうの実、レモン果汁を加え、落としぶたをして弱火で10分煮る。

Point
■ぶどうは種なし巨峰やピオーネなどを使ってください。
■ぶどうは湯むきをすると、皮がつるんとむけます。皮を煮るとシロップがほんのり紫色になります。

食べるときは
ヨーグルトやアイスにのせたり、余ったシロップはゼラチンを溶かしてゼリーにしたりといろんなアレンジで楽しんでみてくださいね。

11/13

きのこのオイル蒸し

きのこ

冷蔵 2~3日間

OK

20min

材料（2人分）

ホワイトマッシュルーム…7個
しめじ…1パック（100g）
しいたけ…8枚
にんにく…2片
パセリ…大さじ2
オリーブオイル…大さじ5
酒…大さじ2
塩…小さじ1/3
粗びき黒こしょう…小さじ1/3

下ごしらえ

しめじ≫石づきを切り落としてほぐす
しいたけ≫大きい場合は2等分
にんにく、パセリ≫みじん切り

作り方

① 鍋にマッシュルーム、しめじ、しいたけ、にんにく、パセリ、オリーブオイル、酒を入れる。
② ふたをし、ときどきかき混ぜながら弱火で8~10分加熱する。
③ 全体がしんなりしたら塩、黒こしょうで味を調える。

Point
■お酒は白ワインでも代用していただけます。
■お好みのきのこをアレンジして作ってみてくださいね。

@en.ym1021

11/14

こんにゃくと鶏もも肉のおかか煮

肉

冷蔵 2~3日間

OK

25min

材料（2人分）

鶏もも肉…1枚（250g）
こんにゃく…1枚（200g）
A
だし汁…150mℓ
（だしの素…小さじ1/3
水…150mℓ）
酒…大さじ1
みりん…大さじ2
しょうゆ…大さじ2
かつおぶし…1パック（3g）

下ごしらえ

鶏肉≫余分な筋と脂を取り除き、ひと口大に切る
こんにゃく≫ひと口大にちぎったら、湯を沸かした鍋に入れて3分下ゆでし、ザルに上げて水気を切る

作り方

① 鍋にAを入れて火にかけ、沸いたら鶏肉、こんにゃくを加えてひと煮立ちさせ、落としぶたをして弱火で10分煮込む。
② 落としぶたをはずして強火にし、鍋を揺らしながら水分を煮詰め、かつおぶしを加えて混ぜる。

Point
■こんにゃくは下ゆでることで臭みが取れ、味が染み込みやすくなります。
■かつおぶしは風味が飛ばないように最後に加えてくださいね。
■一度冷ますとより一層味がなじむのでお弁当のおかずにもおすすめです。

11/15

揚げないひと口大学いも

25min　OK　冷凍2週間　野菜

材料（作りやすい分量）

さつまいも…1本（300g）
砂糖…大さじ3
水…大さじ1
しょうゆ…小さじ1
サラダ油…大さじ3
黒いりごま…適量

下ごしらえ

さつまいも≫小さめのひと口大に切ったら10分ほど水にさらし、キッチンペーパーで水気を拭き取る

作り方

① フライパンにサラダ油とさつまいもを入れて中火にかける。ときどき返しながらさつまいもが黄色く色づくまで7〜8分ほど揚げ焼きにする。
② キッチンペーパーでフライパンの余分な油を拭き取り、砂糖と水を加える。全体を炒めながら絡める。
③ さつまいもに砂糖水が絡んで照りが出てきたら、しょうゆを回しかけて全体を混ぜ、火からおろし粗熱を取る。
④ おかずカップに移して黒いりごまをふり、保存容器に入れふたを閉め冷凍庫で保存する。

Point

■ さつまいもは常温の油に入れてから火にかけると、中がしっとりホクホクに仕上がります。

食べるときは

お弁当に入れる際は、半日前に冷蔵庫に移して解凍し、電子レンジ600Wで30秒〜1分ほど加熱して水分を拭き取り、粗熱を取ってから詰めてくださいね。

11/16

肉巻き高野豆腐のしょうが焼き

15min

材料（2人分）

高野豆腐…2枚
豚ロース薄切り肉…8枚（200g）
A
- だし汁…200㎖
- 塩…少々
- しょうゆ…小さじ1

B
- 酒…大さじ2
- みりん…大さじ2
- しょうゆ…大さじ1

しょうが（すりおろし）…小さじ1
塩…少々
黒こしょう…少々
片栗粉…適量
サラダ油…大さじ1

肉
冷蔵 2〜3日間
OK

下ごしらえ

A≫混ぜ合わせてバットに入れる

作り方

① 高野豆腐をAに入れ10分ほど浸して戻したら絞って水気を切り、横4等分に切る。
② 豚肉を広げ、①を巻き上げる。残りも同様に巻き、全体に塩、黒こしょう、片栗粉をまぶす。
③ フライパンにサラダ油を熱し、②の巻き終わりを下にして並べ入れ、全体に焼き色を付ける。
④ 火が通ったらBとしょうがを加え、強火で煮絡める。

Point
■高野豆腐を戻す際、Aは温めておくと味が染み込みやすくなります。

11/17

鶏ささみの明太チーズピカタ

20min

材料（2人分）

鶏ささみ…4本
明太子…3本（100g）
スライスチーズ…4枚
酒…大さじ2
塩・こしょう…少々
小麦粉…適量
A
- 卵…2個
- 粉チーズ…大さじ2
- パセリ…少々

サラダ油…大さじ2

肉
冷蔵 2〜3日間
OK

下ごしらえ

鶏ささみ≫筋を取り除く
明太子≫薄皮から取り出し、ほぐす
スライスチーズ≫半分に切る
パセリ≫みじん切り
A≫ボウルに入れて混ぜ合わせる

作り方

① 鶏ささみは縦に切れ目を入れて開き、ラップをかぶせてめん棒でたたき広げて、バットに移して酒をまぶす。
② ①に4分の1量の明太子、スライスチーズ2枚をのせて半分に折りたたみ、両面に塩・こしょうと小麦粉をまぶす。
③ Aに②をくぐらせる。
④ フライパンにサラダ油を熱し、③を並べ入れて焼く。焼き色がついたら裏返し、3〜4分焼く。

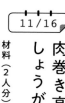

⏱25min

11/18

こんにゃくとごぼうの甘辛煮

材料（2人分）

豚バラ肉（薄切り）…150g
こんにゃく…1枚（300g）
ごぼう…1本（150g）
A 酒…大さじ2
砂糖…大さじ1
しょうゆ…大さじ2
だし汁…200ml
（だしの素…小さじ1
水…200ml）
ごま油…大さじ1

野菜　冷蔵3〜4日間　OK

下ごしらえ

豚肉≫4cm幅に切る
こんにゃく≫ビニール袋に入れ、めん棒でたたく。表面積が1.5倍の大きさになったら袋から取り出し、ひと口大にちぎり、下ゆでごぼう≫乱切りにし、水に5分さらす

作り方

① フライパンを熱し、こんにゃくを乾煎りする。水分が抜けて表面が白っぽくなり、チリチリと高い音がしてきたらごま油を入れて炒める。
② こんにゃくに油がまわったら、豚肉とごぼうを加えて炒め合わせる。全体に油がまわったらAを入れ、ときどき混ぜながら煮汁が煮詰まって照りが出るまで弱めの中火で15分煮る。

Point
■こんにゃくはよくたたいてから下ゆでし、しっかりと乾煎りをすることで味が染み込みます。

@mikason925

⏱15min

11/19

しらすと小松菜のおかかふりかけ

材料（作りやすい分量）

小松菜…1束（300g）
しらす…50g
白いりごま…大さじ1
かつおぶし…1パック（3g）
A みりん…大さじ1
砂糖…小さじ1
しょうゆ…小さじ2
ごま油…小さじ1

ご飯　冷蔵2〜3日間　OK

下ごしらえ

小松菜≫根元を切り落とす

作り方

① 鍋にたっぷりの湯を沸かして塩少々（分量外）を入れ、小松菜の茎から入れ、葉を持って茎の部分を30秒、葉先を入れてさらに30秒ゆでる。氷水に取り絞って水気を切り、5mm幅に細かく刻む。
② フライパンにごま油を弱火で熱し、しらすを加え、カリッとするまで炒める。
③ ②に①を加えて炒め合わせ、Aを加えて強火で水分がなくなるまで炒める。
④ 白いりごま、かつおぶしを加えて混ぜ合わせる。

Point
■水っぽくならないように、小松菜は下ゆでして水気を絞るのがポイントです。フライパンに入れたら汁気がなくなるまで炒めてくださいね。

11/20

鮭入りジャーマンポテト

20min

材料（2人分）

生鮭…3切れ
塩・こしょう…少々
じゃがいも…3個（300g）
玉ねぎ…1/2個
にんにく（すりおろし）…1片分
塩…小さじ1/3
粗びき黒こしょう…少々
オリーブオイル…大さじ2

魚
冷蔵 2~3日間
OK

下ごしらえ

鮭≫3~4等分に切り、塩・こしょうをふる
じゃがいも≫皮付きのまま1cm厚さの半月切りにし、水にさらす
玉ねぎ≫1cm幅のくし切り

作り方

① フライパンにオリーブオイル大さじ1、にんにくを入れて熱し、香りが立ったら鮭を皮目から並べ入れて両面こんがりと焼き、火が通ったら取り出す。
② フライパンの汚れをさっと拭き取り、残りのオリーブオイルを熱し、じゃがいもを並べ入れる。両面がこんがり焼けたら玉ねぎを加えて炒め合わせ、ふたをして弱めの中火で3~4分蒸し焼きにする。
③ じゃがいもに火が通ったら①を戻し入れ、塩、黒こしょうで味を調える。

食べるときは
カレー粉を加えてスパイシーにしたり、バターをのせるのもおすすめです。

11/21

ゆず大根

20min

材料（作りやすい分量）

大根…1/2本（500g）
塩…大さじ1
ゆず…1個
A ┌ 砂糖…大さじ3
　 └ 酢…大さじ3

野菜
冷蔵 4~5日間
OK

下ごしらえ

大根≫1cm幅の拍子木切り
ゆず≫台の上で転がして果肉をやわらかくし、ヘタから1cmを切り落として果汁を搾り出す。皮は、黄色い部分を包丁で薄く削いでせん切り

作り方

① 密閉保存袋に大根を入れ、塩を加えて揉み込んで10分置く。袋の角を切り落とし、水分を絞り出す。
② 保存容器に大根を入れ、ゆずの果汁と皮、Aを入れてよく混ぜる。上下を返すようにときどき混ぜ、冷蔵庫で1時間漬ける。

Point
■ゆずはあらかじめ手で押しつぶすように転がすと、力を入れなくても簡単に果汁が搾れます。
■皮はお好みですりおろして混ぜても香りよく仕上がります。

11/22

手羽先のトムヤム焼き

肉
冷凍 2週間
OK

材料（2人分）

鶏手羽先…8本
A 酒…大さじ2
A みりん…大さじ2
A トムヤムペースト…大さじ2
A レモン果汁…大さじ½
にんにく（すりおろし）…小さじ1
しょうが（すりおろし）…小さじ1
塩…少々
黒こしょう…少々

下ごしらえ

手羽先≫フォークで数か所穴を開け、塩、黒こしょうをまぶす

作り方

① ボウルにA、にんにく、しょうがを入れてよく混ぜ合わせる。
② 密閉保存袋に手羽先と①を入れてよく揉み込み、手羽先が重ならないように平らにならして空気を抜く。口を閉じてバットにのせて冷凍庫に入れる。

食べるときは
冷蔵庫で解凍してからキッチンペーパーで余分な水気を拭き取り、200℃に余熱したオーブンで15分焼きます。

Point
■手羽先はフォークで穴を開けると味が染み込みやすくなります。
■オーブンで焼く以外に、フライパンで蒸し焼きにしてもおいしいです。

11/23

味染み肉じゃが

肉
冷凍 2週間
OK

材料（2回分）

豚バラ肉（薄切り）…200g
じゃがいも…400g（3個）
にんじん…½本
玉ねぎ…1個
A 酒…大さじ2
A みりん…大さじ4
A 砂糖…大さじ2
A しょうゆ…大さじ4
だし汁…200㎖
（だしの素…小さじ1
水…200㎖）

下ごしらえ

豚肉≫3㎝幅に切る
じゃがいも≫小さめのひと口大に切る
にんじん≫5㎜厚さの半月切り
玉ねぎ≫くし形切り

作り方

① 保存袋に豚肉、じゃがいも、にんじん、玉ねぎ、Aを入れてよく揉み込む。平らにならして半分に折り、冷凍庫に入れる。
② フライパンに①の半分を凍ったまま入れてだし汁を加え、ふたをして加熱する。沸騰したらアクを取って全体を混ぜる。
③ 再びふたをして15分煮込み、お好みでさやいんげんを飾る。

Point
■にんじんとじゃがいもはいつもより小さめに切ると味染みがよくなります。
■加熱中はしっかり混ぜるとお肉がほぐれておいしく仕上がります。

20min

11/24

肉巻きえのきのピリ辛みそ焼き

肉

冷蔵 2~3日間

OK

材料（2人分）

豚バラ薄切り肉…8枚（160g）
えのきだけ…1パック（200g）
小麦粉…適量
塩・こしょう…少々
サラダ油…大さじ½
A 酒…大さじ1
砂糖…小さじ1
しょうゆ…小さじ1
合わせみそ…大さじ1½
豆板醤…小さじ1

下ごしらえ

えのき≫石づきを切り落として8等分にほぐす
A≫混ぜ合わせる

作り方

① 豚バラ肉を広げ、塩・こしょうをふってえのきをのせて巻く。残りも同様に巻き、全体に小麦粉をまぶす。
② フライパンにサラダ油を熱し、①の巻き終わりを下にして並べ入れ、全体に焼き色をつける。
③ 火が通ったら余分な油をキッチンペーパーで拭き取る。Aを加え、強火で煮絡める。

Point

■えのきはたっぷり巻くとかさ増しになり、食べごたえも出ます。
■辛いものが苦手な場合は、マヨネーズを加えると辛みが和らぎます。

10min

11/25

アボカドの浅漬け

野菜

冷蔵 2~3日間

材料（2人分）

アボカド…1個
A 砂糖…小さじ½
しょうゆ…小さじ1
白だし…大さじ3
水…大さじ3
赤唐辛子（輪切り）…少々

下ごしらえ

アボカド≫半分に切り、種を除き皮をむいたら1cm厚さに切る
A≫混ぜ合わせる

作り方

① 保存容器にアボカドを並べ入れてAを注ぐ。
② 冷蔵庫で3時間ほど漬け込む。

Point

■赤唐辛子の量はお好みで調整してください。

11/26

さくさくカップキッシュ

材料（2人分）

- ほうれん草…1束
- ベーコン…1パック（35g）
- 玉ねぎ…1/4個
- 餃子の皮…6枚
- バター（無塩）…10g
- 塩・こしょう…少々
- A
  - 卵…1個
  - 牛乳…大さじ2
  - 塩・こしょう…少々
- ピザ用チーズ…50g

野菜　冷蔵 2~3日間　OK

下ごしらえ

ほうれん草≫熱湯でサッとゆでて冷水に取り、絞って水気を切り3cm長さに切る

ベーコン≫1cm幅に切る

玉ねぎ≫薄切り

作り方

①フライパンにバターを入れて熱し、ベーコン、玉ねぎを入れて中火で炒める。玉ねぎが透明になったらほうれん草を加え、塩・こしょうで味を調える。

②アルミカップに餃子の皮を敷き、①を入れる。

③ボウルにAを入れて混ぜ、②に注ぎ入れる。ピザ用チーズをのせ、トースターで7分焼く。

Point

■ほうれん草は、熱湯でサッとゆでたら素早く水にさらします。水気はしっかりと切ってくださいね！

11/27

ごぼうの漬物

材料（2人分）

- ごぼう…2本（300g）
- A
  - めんつゆ（3倍濃縮）…130ml
  - 酢…70ml
  - 砂糖…大さじ1 1/2
  - 赤唐辛子（輪切り）…少々
- 塩…小さじ1

野菜　冷蔵 2~3日間　OK

下ごしらえ

ごぼう≫縦半分に切り、4cm長さに切る。水に10分さらす

作り方

①鍋にごぼうを入れ、かぶるくらいの水、塩を入れて加熱する。沸騰したら3分ゆでて、ザルに上げ水気を切り、そのままさます。

②鍋にAを入れて熱し、ひと煮立ちしたら①を加える。

③再び沸騰したら火からおろす。

Point

■ごぼうは食感を残すためにサッとゆでるのがポイントです。

■たたきごぼうにすると味がなじみやすくなります。

11/28

ひと口みそかつ

20 min

OK

冷蔵 2~3日間

肉

材料（2人分）

豚バラ肉（薄切り）…8枚
塩…少々
黒こしょう…少々
小麦粉…適量
卵…1個
パン粉…適量
A 砂糖…大さじ2
A みりん…大さじ2
A 合わせみそ…大さじ3
サラダ油…大さじ4

下ごしらえ

A≫混ぜ合わせる

作り方

① 豚肉を広げて塩・こしょうをふり手前から折りたたみ、ひと口サイズに形を整える。小麦粉、卵、パン粉の順に衣をつける。
② フライパンにサラダ油を入れて170℃に熱し、①を入れてときどき上下を返しながら、全面がこんがりきつね色になるまで揚げる。
③ 余分なサラダ油をキッチンペーパーで拭き取り、Aを加えて絡める。

食べるときは

温め直してから食べます。お好みでロールパンに挟んでカツサンドにしたり、ご飯にのせたりするのもおいしいです。

11/29

小ねぎのごま油漬け

ご飯

冷蔵 4~5日間

10min

材料（作りやすい分量）

小ねぎ…1束

A
- にんにく（すりおろし）…小さじ1
- 塩…小さじ1/4
- しょうゆ…大さじ1

ごま油…100mℓ

下ごしらえ

小ねぎ≫小口切りにしてキッチンペーパーで水分をしっかり拭き取る

作り方

ボウルに小ねぎ、Aを加えて混ぜ合わせたら5分置く。

Point

■小ねぎの水分が残っていると傷みやすいので、水分をしっかりと拭き取ってください。

■全体をよく混ぜ合わせることでムラなく仕上がります。

11/30

さつまいもとりんごのデリ風サラダ

野菜

冷蔵 3~4日間

OK

20min

材料（2人分）

さつまいも…1本（300g）

りんご…1個（250g）

クリームチーズ…50g

レモン汁…大さじ1

ヨーグルト…大さじ2

はちみつ…大さじ1

下ごしらえ

さつまいも≫皮をむいて1cmの角切りにし、水に5分さらす

りんご≫1cmの角切りにして塩水にさらし水気を切る

クリームチーズ≫1cmの角切り

作り方

① 耐熱ボウルにさつまいもを入れ、ラップをかけて電子レンジ600Wで5分加熱する。

② ①の半量を別のボウルに取り分け、レモン汁を加えてフォークで潰す。そこにヨーグルト、はちみつを加えて混ぜる。

③ ②に残りのさつまいも、りんご、クリームチーズを加えてざっと混ぜる。

Point

■さつまいもを半量だけマッシュし、ホクホクとした食感を残すのがポイントです。

■はちみつはお好みでメープルシロップに代えてもおいしく作れます。

Column 2

おかず作りがラクになる

調理HACK!

Part 1

ちょっとしたことだけど、
知っているとおかず作りがラクになる
調理中のテクニックをこっそりご紹介。

ごぼう

くしゃっと丸めたアルミホイルでこすると、
すばやくきれいに土が落とせる。

れんこん

袋に入れてめん棒でたたくと、
繊維が潰れて味が絡みやすくなる。

長いも

すりおろし器を使わなくても、
めん棒でたたくと簡単にすりおろしたように。

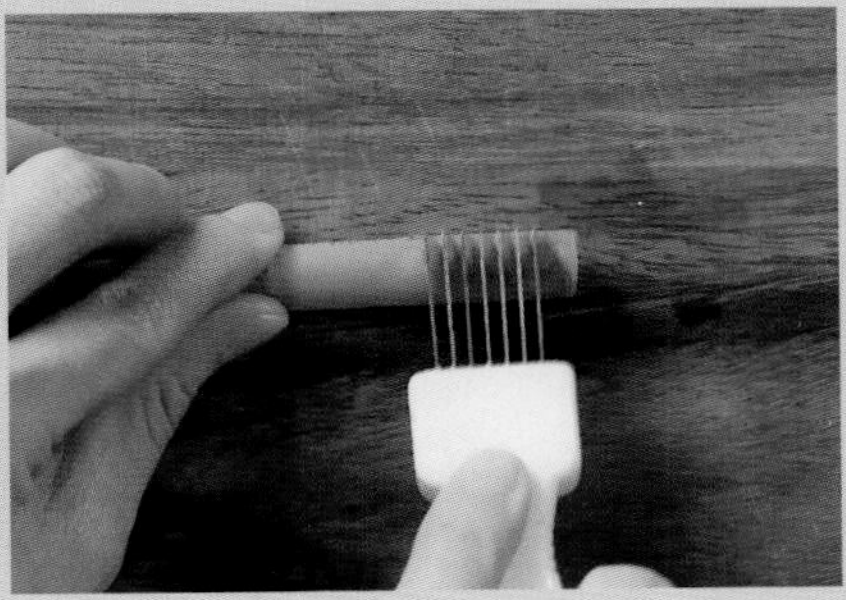

アスパラガス

ねぎカッター（100円ショップなどで
購入できます）で切り込みを入れると、
噛み切りやすく。

ちょっとしたテクニックでおかず作りが簡単に!

12/01

メンマ風ブロッコリー

野菜

冷蔵 2~3日間

OK

材料（2人分）

ブロッコリーの芯…1株分（100g）
赤唐辛子…1本
砂糖…小さじ1
A
酒…小さじ2
みりん…小さじ1
しょうゆ…小さじ2
オイスターソース…小さじ$\frac{1}{2}$
鶏ガラスープの素…小さじ1
ごま油…大さじ1

下ごしらえ

ブロッコリーの芯≫短冊切り
A≫混ぜ合わせる

作り方

① フライパンにごま油、赤唐辛子を入れて弱火で炒め、ブロッコリーの芯、砂糖を加えて全体がなじむまで炒める。

② Aを①に回しかけ、水分がなくなるまで煮詰める。

食べるときは
しっかり味を付けているのでさめた状態でもおいしく食べられます。

12/02

歯ごたえカリサク食べるしょうゆ

ご飯

冷蔵 2~3日間

OK

材料（作りやすい分量）

かつおぶし…20g
いり大豆…20g
白いりごま…大さじ1
にんにく…2片
赤唐辛子…1本
A
酒…大さじ1
みりん…大さじ1
砂糖…大さじ$\frac{1}{2}$
しょうゆ…大さじ2
水…大さじ2
ごま油…50cc

下ごしらえ

いり大豆≫粗めに砕く
にんにく≫みじん切り
赤唐辛子≫種を除き、輪切り

作り方

① フライパンにかつおぶし、Aを入れて煮絡める。水を加えて弱めの中火にし、混ぜながら水分を飛ばす。

② ごま油、にんにく、赤唐辛子を加えて弱めの中火で5分加熱する。

③ 火からおろし、白いりごま、いり大豆を加えて粗熱を取る。

Point
■かつおぶしは焦げやすいので火を弱めにして炒めてください。

⏱10min

12/03

鮭のうま照り煮

材料（2人分）

生鮭…2切れ
酒…大さじ2
A
酒…大さじ1
みりん…大さじ1
砂糖…大さじ1
しょうゆ…大さじ1

魚
冷蔵 2～3日間
OK

下ごしらえ

鮭≫ひと口大に切り、酒をまぶして5分置く

作り方

① 天板にクッキングシートを敷いて鮭をのせ、トースターで5分焼く。
② フライパンに鮭とAを入れて照りが出るまで煮詰める。

Point
■生鮭はフライパンで焼くと崩れやすいので、トースターか魚焼きグリルで焼いてから煮絡めるのがおすすめです。

食べるときは
だし汁やお茶をかけてお茶漬けにしても。

⏱15min

12/04

鶏ももと長ねぎのキムチ炒め

材料（2人分）

鶏もも肉…2枚（500g）
塩・こしょう…少々
長ねぎ…1本
しょうが（すりおろし）…大さじ1
キムチの素（市販）…大さじ4
砂糖…大さじ1
しょうゆ…少々
ごま油…大さじ1

肉
冷蔵 2～3日間
OK

下ごしらえ

鶏肉≫余分な筋と脂を取り除き、大きめのひと口大にカットしたら塩・こしょうをふる
長ねぎ≫4㎝長さのぶつ切り

作り方

① フライパンにごま油、しょうがを入れて火にかけ、香りが立ったら鶏肉を入れて両面をこんがりと焼く。
② 長ねぎを加えて転がしながら焼き付け、キムチの素、砂糖を加えて炒め合わせる。仕上げに鍋肌からしょうゆを回しかける。

Point
■最後にしょうゆを回しかけて香ばしく仕上げるのがポイントです。
■鶏肉と長ねぎはしっかりと焼き目をつけ、サッと煮絡めてくださいね。

12/05

鶏五目ご飯の素

15min

OK

冷凍 2週間

ご飯

材料（4食分）

鶏もも肉…250g
油揚げ…1枚
しめじ…100g
にんじん…50g
A
酒…大さじ2
みりん…大さじ2
しょうゆ…大さじ3
だしの素……小さじ1
サラダ油…大さじ1

下ごしらえ

鶏肉≫余分な筋と脂を取り除いたら1cm角に切る
油揚げ≫油抜きをして1cm幅に切る
しめじ≫石づきを切り落としてほぐす
にんじん≫せん切り

作り方

①フライパンにサラダ油を熱し、鶏肉、油揚げ、しめじ、にんじんを炒める。
②鶏肉に火が通ったらAを入れ、煮汁が少なくなるまで煮詰めて火からおろす。

保存&食べるときは

- 粗熱が取れたら、2等分にして密閉保存袋に入れ、しっかり空気を抜いて口を閉じ、冷凍庫で保存します。
- 食べるときは、冷蔵庫で半解凍し耐熱ボウルに入れてラップをふんわりとかけ、電子レンジ600Wで2分加熱します。温かいご飯に混ぜて完成です（1袋に対して250gのご飯が目安です）。

Point

- きのこは、まいたけやしいたけなどでも代用可能です。

12/06

春雨と白菜のツナマヨサラダ

20min

野菜
冷蔵 2~3日間

材料（2人分）

春雨…80g
白菜…250g
ツナ缶…1缶（70g）
にんじん…30g
塩（塩揉み用）…小さじ½
A ┌ 鶏ガラスープの素…小さじ½
　│ ポン酢…大さじ2 ½
　│ マヨネーズ…大さじ2
　└ ごま油…小さじ2

下ごしらえ

春雨≫耐熱容器に入れて、かぶるくらいの水を加えて電子レンジ600Wで5分ほど加熱。取り出してザルにあけ、水気を切る

白菜≫1cm幅のざく切り

にんじん≫せん切り

作り方

① ボウルに白菜とにんじんを入れ、塩を加えて揉み込み5分ほど置き、水気を絞る。

② 別のボウルに、春雨、ツナ、A、①を加えて混ぜ合わせる。

Point
■ツナ缶はオイルごと使用するとコクが出ますよ。
■塩揉みすることで余分な水分が出て、味が染み込みやすくなります。

12/07

れんこんのゆかり唐揚げ

20min

野菜
冷蔵 2~3日間
OK

材料（2人分）

れんこん…300g
A ┌ みりん…大さじ1
　│ だしの素…小さじ1
　│ 塩…小さじ⅓
　└ 酢…小さじ½
ゆかり…大さじ1
片栗粉…適量
サラダ油…適量

下ごしらえ

れんこん≫ピーラーで薄く皮をむき、乱切り。水400mlに酢小さじ1を加えた酢水（分量外）に5分さらす

作り方

① ボウルにAと水気を切ったれんこんを入れる。よく絡めて5分漬け込み、片栗粉をまぶす。

② フライパンに、サラダ油を深さ1.5cmまで入れて170℃に熱し、れんこんを3分ほど揚げる。

③ 油から上げ、熱いうちにゆかりをまぶす。

Point
■揚げ時間は様子をみて調整してください。

12/08

こんにゃくと大根のピリ辛煮

30min

野菜
冷蔵 2〜3日間
OK

材料（2人分）

こんにゃく…1枚
大根…1/2本
しょうが（すりおろし）…小さじ1/2
にんにく（すりおろし）…小さじ1/2

A
水…100mℓ
酒…大さじ1
みりん…大さじ1
砂糖…大さじ1/2
しょうゆ…大さじ1 1/2
コチュジャン…大さじ1 1/2

ごま油…大さじ1
酢…小さじ1

下ごしらえ

こんにゃく≫格子状に切り目を入れ、大きめのさいの目切り
大根≫大きめのさいの目切り

作り方

① こんにゃくを耐熱容器に入れ、かぶるくらいの水を入れて電子レンジ600Wで2分加熱し、水気を切る。
② フライパンを熱し、①を入れて1分ほど乾煎りし、ごま油、しょうが、にんにく、大根を加えて炒め合わせる。
③ Aを加えて煮立たせ、落としぶたをし、弱めの中火で20分ほど煮詰めたら、酢を加えて全体を絡める。

Point
■ピリ辛が苦手な方は、コチュジャンなしでしょうゆを多めにしてください。

12/09

たらの青のりチーズピカタ

20min

魚
冷蔵 2〜3日間
OK

材料（2人分）

たら…3切れ（240g）
小麦粉…適量
塩・こしょう…適量
卵…1個
青のり…小さじ1
粉チーズ…大さじ1
サラダ油…小さじ2

作り方

① たらは塩少々（分量外）をまぶして10分ほど置き、キッチンペーパーで水気を拭き取る。ひと口大に切り、塩・こしょう、小麦粉をまぶす。
② ボウルに卵を入れてよく溶き、青のり、粉チーズを加えて混ぜる。
③ ①を②にくぐらせる。
④ フライパンにサラダ油を熱し、③を弱火で両面焼く。

Point
■たらは臭みを取るために、水気はしっかり拭き取ってください。
■フライパンで焼く際は、あまり触らないようにすると卵がはがれにくいです。

食べるときは
お好みでケチャップをつけてもおいしいです。

12/10

鶏むね肉の焼き肉風スティックチキン

⏱20min

OK（電子レンジ）　冷蔵 2~3日間　肉

材料（2人分）

鶏むね肉…1枚（250g）

A
酒…小さじ1
みりん…小さじ2
砂糖…小さじ1
しょうゆ…小さじ2
みそ…小さじ1
豆板醤…小さじ1/2
にんにく（すりおろし）…小さじ1

ごま油…小さじ2

下ごしらえ

鶏肉≫余分な脂と皮を取り除き1cm厚さのそぎ切りにしたあと1cm幅の棒状に切る

作り方

①ボウルに鶏肉、Aを入れて揉み込み、5分ほど置く。

②フライパンにごま油を熱し、汁気を軽く切った①を入れ、転がしながら焼く。漬けだれはとっておく。

③全体に焼き色がついたら、漬けだれを加え煮絡ませ、お好みで白いりごまをふる。

Point

■辛いものが苦手な場合は、豆板醤の量を減らして作ってみてください。

12/11

いかと大根のしょうが炒め

材料（2人分）

するめいか…2杯
塩・こしょう…少々
大根…100g
しょうが…1片
A 酒…大さじ2
みりん…大さじ2
しょうゆ…大さじ1
ごま油…大さじ1

15min

魚
冷蔵 2〜3日間
OK

下ごしらえ

するめいか≫内臓と軟骨（背骨）を取り除き、胴の中をよく洗う。目の下から足を切り離し、足の付け根にある口ばしを取り除く。胴を1cm幅の輪切りに、足はひと口大に切り、塩・こしょうをまぶす
大根≫薄めの半月切り
しょうが≫せん切り

作り方

① フライパンにごま油、しょうがを入れて火にかけ、香りが立ったらいかを加えて炒める。色が変わったら大根を加えてサッと炒め合わせる。
② Aを加え、強火で煮絡める。

Point
■大根はシャキッとした食感を残すため、中火〜強火で手早く炒めましょう。

12/12

わかめとメンマの中華炒め

材料（2人分）

乾燥わかめ…10g
メンマ…50g
ごま油…大さじ1
赤唐辛子…1本
しょうが…1片
鶏ガラスープの素…小さじ½

10min

その他
冷蔵 2〜3日間
OK

下ごしらえ

わかめ≫水で戻し、しっかり水気を切る
赤唐辛子≫輪切り
しょうが≫みじん切り

作り方

① フライパンにごま油、メンマ、赤唐辛子、しょうがを入れて香りが立つまで炒める。
② わかめを加えて鮮やかな色に変わったら鶏ガラスープの素を加えて炒め合わせ、火を止める。

Point
■しょうがを入れると油がはねやすいので、油が冷たいうちに入れ、メンマと一緒に炒めてください。

12/13

カニかまカップグラタン

材料（2人分）

餃子の皮…6枚
カニ風味かまぼこ…6本
玉ねぎ…1/2個
塩・こしょう…少々
バター（無塩）…30g
小麦粉…30g
牛乳…200㎖
コンソメ…小さじ1/2
ピザ用チーズ…適量
パン粉…適量

魚　冷蔵2~3日間　OK

下ごしらえ

カニ風味かまぼこ≫細かくさく
玉ねぎ≫薄切り

作り方

① 耐熱ボウルでカニ風味かまぼこ、玉ねぎ、塩・こしょうを混ぜ合わせる。ラップをかけて電子レンジ600Wで1分30秒加熱する。
② 別のボウルにバター、小麦粉を入れてラップをかけて電子レンジで1分加熱し、よくかき混ぜる。
③ ②に牛乳を少しずつ加えながらなめらかになるまで混ぜ合わせたら、ラップをかけて電子レンジで3分加熱する。
④ 取り出してコンソメを加えて混ぜて、さらに電子レンジで1分加熱する。①を加えて混ぜ合わせる。
⑤ アルミカップに餃子の皮を敷き、④を入れる。ピザ用チーズ、パン粉をかけてトースターで5~10分焼く。

12/14

牛肉ときのこの洋風しぐれ煮

材料（2人分）

牛こま切れ肉…150g
しめじ…1パック（100g）
えのきだけ…1パック（100g）
酒…80㎖
砂糖…大さじ1
ケチャップ…大さじ2
ウスターソース…大さじ2
黒こしょう…少々

肉　冷蔵2~3日間　OK

下ごしらえ

牛肉≫食べやすい大きさに切る
しめじ≫石づきを切り落としてほぐす
えのき≫石づきを切り落として半分に切る

作り方

① 鍋に牛肉、酒を入れて火にかけ、煮立ったらアクを取り除く。
② しめじ、えのきを加えてしんなりするまで煮る。
③ 砂糖、ケチャップ、ウスターソースを加えて水分がなくなるまで煮詰め、黒こしょうをふる。

保存　清潔な保存容器に移し、粗熱が取れたら冷蔵庫で保存してください。

12/15

かける香味だれ煮卵

20min

その他
冷蔵 2~3日間

材料(作りやすい分量)

卵…6個

A
- 長ねぎ…1本
- しょうが…1片
- にんにく(すりおろし)…小さじ1
- 砂糖…大さじ1 1/2
- 酢…大さじ1
- しょうゆ…大さじ3
- コチュジャン…大さじ1/2
- ごま油…大さじ2
- 白いりごま…大さじ1
- ミックスナッツ…15g

下ごしらえ

長ねぎ、しょうが》みじん切り
ミックスナッツ》細かくたたく

作り方

① 鍋に水を入れ沸騰させ、冷蔵庫から出したての冷たい卵をおたまでそっと入れ、中火で6分30秒加熱する。
② 冷水に取り、殻をむいて密閉保存袋に入れる。
③ Aを混ぜ合わせてから②に加えて、全体をなじませる。
④ 保存袋の空気を抜いて口をとじ、冷蔵庫で半日~1日漬ける。

Point
■ミックスナッツは食感を楽しむために加えていますが、お好みで入れなくてもOK。

12/16

ツナ缶で簡単ガパオ

15min

魚
冷蔵 3~4日間
OK

材料(2人分)

ツナ缶…2缶(140g)
玉ねぎ…1/2個
ピーマン…2個
赤パプリカ…1個

A
- 鶏ガラスープの素…小さじ1
- 砂糖…小さじ1
- しょうゆ…小さじ1
- オイスターソース…小さじ2
- ごま油…小さじ1
- にんにく(すりおろし)…2片分

ナンプラー…大さじ1
バジル…6枚

下ごしらえ

ツナ缶》油を切る
玉ねぎ、ピーマン、パプリカ》細切り

作り方

① 耐熱容器にツナ、玉ねぎ、ピーマン、パプリカ、Aを入れて混ぜ合わせ、ふんわりラップをかけて電子レンジ600Wで4分加熱する。
② 取り出してラップをはずし、ナンプラーを加えて混ぜる。
③ 保存容器に入れて粗熱を取り、バジルをのせる。

Point
■ナンプラーは加熱すると風味が飛んでしまうので、最後に混ぜるのがおすすめです。
■バジルは食べる直前にちぎって混ぜても、フレッシュな香りが楽しめますよ。

12/17

たたきごぼうと牛肉のみそ炒め

肉
冷蔵 2~3日間
OK

材料（2人分）

牛こま切れ肉…150g
塩・こしょう…少々
小麦粉…適量
ごぼう…1本
にんにく（すりおろし）…小さじ1
しょうが（すりおろし）…小さじ1
A
- 酒…大さじ1
- みりん…大さじ1
- 砂糖…小さじ2½
- しょうゆ…小さじ1
- 合わせみそ…大さじ1

ごま油…大さじ1

下ごしらえ

牛肉≫塩・こしょうをして小麦粉をまぶす
ごぼう≫4~5㎝の長さに切る

作り方

①ボウルにごぼうを入れてふんわりとラップをかけ、電子レンジ600Wで4分加熱する。
②①をポリ袋に入れてめん棒でたたく。
③フライパンにごま油を熱し、にんにくとしょうがを入れて弱火で炒める。香りが立ったら牛肉を加えて中火で炒める。
④肉の色が変わったら②とAを加えてよく炒め合わせる。

Point
■ごぼうはたたいてしっかりと割れ目を入れると味が染み込みやすくなります。

12/18

ハニーマスタードポテト

野菜
冷蔵 2~3日間
OK

材料（2人分）

じゃがいも…4個
A
- 酒…大さじ1
- しょうゆ…大さじ1
- はちみつ…大さじ1
- 粒マスタード…大さじ2

オリーブオイル…大さじ2

下ごしらえ

じゃがいも≫皮ごと4等分にして耐熱ボウルに入れて、ふんわりとラップをかけ、電子レンジ600Wで5分加熱

作り方

①フライパンにオリーブオイルを熱し、じゃがいもを入れてときどき転がしながら全体に焼き色がつくまで焼く。
②余分な油をキッチンペーパーで拭き取り、Aを加え、全体に絡ませながら煮詰める。

Point
■じゃがいもはカットして表面積を増やすとたれが絡みやすくなります。

12/19

大根とひき肉のピリ辛炒め

25min

OK 冷蔵 2~3日間 肉

材料（2人分）

大根…400g
豚ひき肉…150g
しょうが…1片
豆板醤…小さじ½
A 酒…大さじ2
　砂糖…大さじ½
　しょうゆ…大さじ1
みそ…大さじ2
ごま油…大さじ1

下ごしらえ

大根≫乱切り
しょうが≫みじん切り
A≫混ぜ合わせる

作り方

① 耐熱容器に大根、かぶるくらいの水を入れふんわりラップをかけて電子レンジ600Wで8～10分加熱し、竹串がスッと通ったらザルに上げて水気を切る。
② フライパンにごま油、しょうが、豆板醤を入れて火にかけ、香りが立ったらひき肉を加えてそぼろ状になるまで炒める。
③ ①を加えてサッと炒め、Aを加えて汁気がなくなるまで炒め煮にする。

Point

■大根は水を加えて電子レンジで下ゆでしておくと味が染み込みやすくなり、炒め時間を短縮できます。
■豚バラ肉やロース肉などを使ってもボリュームが出るのでおすすめです。

12/20

手作り韓国のり風ふりかけ

15min

ご飯
冷蔵 2~3日間
OK

材料（作りやすい分量）

焼きのり…4枚
ごま油…大さじ3
ラー油…大さじ1
コチュジャン…小さじ1
ミックスナッツ…30g
白いりごま…小さじ1
塩…小さじ½
砂糖…小さじ½

下ごしらえ

ミックスナッツ≫粗く砕く

作り方

① フライパンにごま油、ラー油、コチュジャンを入れて混ぜる。
② のりをちぎりながら加えて、カリカリになるまで中火で5分炒める。
③ ミックスナッツ、白いりごまを加えてさらに混ぜ、粗熱を取る。
④ 塩、砂糖を加えて混ぜ合わせる。

Point

■湿気ってしまったのりを使っても作れます。
■辛いものが苦手な場合はラー油とコチュジャンを抜いて、ごま油だけで作ってみてくださいね。

12/21

ネギツナご飯チヂミ

15min

ご飯
冷蔵 2~3日間
OK

材料（2人分）

ご飯…250g
卵…1個
小ねぎ…20g
ツナ缶…1缶
だしの素…小さじ2
粉チーズ…大さじ1
サラダ油…大さじ2

下ごしらえ

小ねぎ≫小口切り

作り方

① ボウルにサラダ油以外の材料をすべて入れて混ぜ合わせる。
② フライパンにサラダ油を熱し、①を8分の1量ずつ入れて両面焼く。

Point

■具材はお好みでアレンジしてみてくださいね。

食べるときは

トースターで温めてお召し上がりください。

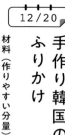

12/22

シャキシャキれんこん餃子

30min

材料（2人分）

れんこん…200g
豚ひき肉…150g
キャベツ…3枚
ニラ…1/2束
片栗粉…適量
塩・こしょう…少々

A
にんにく（すりおろし）…小さじ1
しょうが（すりおろし）…小さじ1
酒…小さじ2
しょうゆ…小さじ2
ごま油…小さじ1

酒…大さじ1
ごま油…大さじ1

野菜
冷蔵 2~3日間
OK

下ごしらえ

れんこん≫5㎜厚さの半月切りにし、酢水（分量外）に5分ほどさらす
キャベツ≫みじん切りにして塩少々（分量外）で塩揉みし、絞って水気を切る
ニラ≫みじん切り

作り方

1. ボウルに、ひき肉、キャベツ、ニラ、Aを入れて粘りが出るまで混ぜ合わせる。
2. れんこんに薄く片栗粉をまぶし、①をのせ、もう1枚のれんこんで挟む。
3. フライパンにごま油を熱し、②を並べ入れて焼き目がついたら裏返し、酒を加えて弱めの中火で4分ほど蒸し焼きにする。
4. 鍋肌からごま油（分量外）を回し入れる。

12/23

えびと春雨のタイ風サラダ

15min

材料（2人分）

無頭えび…8尾
春雨…80g
玉ねぎ…1/2個
にんじん…1/3本
きゅうり…1本
塩・こしょう…少々
酒…小さじ1

A
砂糖…大さじ1
鶏ガラスープの素…小さじ1
レモン果汁…大さじ2
ナンプラー…大さじ3
赤唐辛子（輪切り）…小さじ1
にんにく（すりおろし）…小さじ1/2

魚
冷蔵 2~3日間
OK

下ごしらえ

無頭えび≫塩（分量外）で洗ったら殻をむき、背ワタを取り除く
玉ねぎ≫薄切りにし冷水にさらす
にんじん、きゅうり≫せん切り

作り方

1. えびに塩・こしょう、酒をふりラップをかけて電子レンジ600Wで1分30秒加熱する。
2. 耐熱容器に春雨とひたひたの水を入れ、ラップをかけ電子レンジで5分加熱する。ザルにあけて水気を切り、長い場合はカットする。
3. ボウルにAを入れて混ぜ、②、玉ねぎ、にんじん、きゅうり、①を加えてよく混ぜ合わせる。

Point

■春雨は種類によって加熱時間が異なるので、様子をみて調整してください。

12/24

肉巻きケチャップポテト

20min

OK

冷蔵 4~5日間

肉

材料（2人分）

豚ロース肉（薄切り）…11枚
塩・こしょう…少々
冷凍ポテト（市販）…100g
ケチャップ…大さじ3
コンソメ…小さじ1
粒マスタード…大さじ1
サラダ油…大さじ1

下ごしらえ

豚肉≫塩・こしょうをふる

作り方

①豚肉を広げ、手前に冷凍ポテトをのせて巻き上げる（ポテトは解凍せずにそのまま巻いてOK）。

②フライパンにサラダ油を熱し、①の巻き終わりを下にして並べ入れて焼く。全体に焼き色がついたらふたをして2分蒸し焼きにする。

③ケチャップ、コンソメ、粒マスタードを加えて煮絡め、水分を飛ばす。お好みでパセリをちぎって添える。

Point

■豚肉でポテトを巻くときは、巻き終わりを手でギュッと押し固めるようにすると焼いても形が崩れにくくなります。

12/25

たことじゃがいものトマト煮

魚　冷蔵2~3日間　OK

材料（2人分）

ゆでだこ…2本（300g）
じゃがいも…3個（450g）
トマト缶（ホール）…1缶（400g）
玉ねぎ…½個（100g）
にんにく…1片
水…100㎖
砂糖…小さじ1
ローリエ…1枚
塩・こしょう…少々
オリーブオイル…大さじ2

下ごしらえ

たこ≫ひと口大の乱切り
じゃがいも≫ひと口大に切って水にさらす
玉ねぎ、にんにく≫みじん切り

作り方

① ボウルにじゃがいもを入れ、ふんわりとラップをかけて電子レンジ600Wで4~5分加熱する。
② フライパンにオリーブオイル、にんにくを入れて火にかけ、香りが立ったら玉ねぎを炒める。透き通ったら①を加えてサッと炒める。
③ トマト缶を潰しながら加え、ひと煮立ちさせる。水、砂糖、ローリエを加え、ふたをして弱めの中火で10~15分ほど煮込む。
④ たこを加えて水分を飛ばしながら煮込む。塩・こしょうで味を調える。

12/26

こんにゃくとちぎり厚揚げのどて煮風

その他　冷蔵2~3日間　OK

材料（2人分）

厚揚げ…2枚
こんにゃく…1枚
水…150㎖

A
酒…大さじ1
みりん…大さじ2
砂糖…大さじ2½
しょうゆ…大さじ1
赤みそ…大さじ2

下ごしらえ

こんにゃく≫格子状に切り目を入れ、ひと口大にちぎる。耐熱容器にかぶるくらいの水（分量外）と入れて電子レンジ600Wで2分加熱し、水気を切る

作り方

① フライパンを熱し、こんにゃくを入れて1分ほど乾煎りする。
② 厚揚げをこんにゃくと同じくらいの大きさにちぎりながら入れる。Aを入れて煮立たせ、落としぶたをして汁気が少なくなるまで弱めの中火で煮詰める。

Point

■赤みそがない場合は合わせみそでも代用できます。
■こんにゃくと厚揚げは手でちぎると、表面積が広くなり味が染み込みやすくなります。

⏱15min

12/27

切り干し大根の中華マヨサラダ

材料（2人分）
切り干し大根…40g
ハム…3枚
にんじん…½本
豆苗…¼パック
A
マヨネーズ…大さじ1½
酢…大さじ½
薄口しょうゆ…大さじ1
ごま油…大さじ½

野菜
冷蔵 2~3日間
OK

下ごしらえ
切り干し大根≫洗う
ハム≫短冊切り
にんじん≫細切り
豆苗≫根を切り落として長さ3等分に切る
A≫混ぜ合わせる

作り方
①ボウルに切り干し大根とぬるま湯を切り干し大根の半分くらいの高さまで入れて、ときどき上下を入れ替えながら20~30分かけて戻し、水気を切る。
②豆苗とにんじんを耐熱容器に入れてふんわりとラップをかけ、電子レンジ600Wで2分30秒加熱する。
③ボウルに①、②、ハムを入れたら、Aを加えて全体を混ぜ合わせる。

Point
■お好みで白すりごまを混ぜると風味が良くなり、余分な水分を吸ってくれます。

@nonsuke__

⏱15min

12/28

れんこんとにんじんのピクルス

材料（2人分）
れんこん…½節（150g）
にんじん…½本（150g）
〈ピクルス液〉
砂糖…大さじ3
塩…小さじ1
酢…150㎖
水…100㎖
ローリエ…1枚
赤唐辛子…1本

野菜
冷蔵 2~3日間
OK

下ごしらえ
れんこん、にんじん≫ひと口大の乱切りにして、れんこんは酢水（分量外）にさらす
赤唐辛子≫種を取り除く

作り方
①鍋に湯を沸かして塩少々（分量外）を加え、にんじんをゆでて、1分後にれんこんを加える。3分ゆでてザルに上げ、さます。
②小鍋にピクルス液の材料を入れて火にかけ、ひと煮立ちしたら火からおろして粗熱を取る。
③消毒した保存瓶に①、②を入れてふたをしめ、冷蔵庫で2~3時間ほど漬け込む。

Point
■れんこんとにんじんは歯ごたえを残すため、短めにゆでます。
■保存する際はすべての野菜がピクルス液に浸かるように、瓶の大きさを調整してくださいね。

12/29

さんまとれんこんのにんにくしょうゆ炒め

魚

冷蔵 2~3日間

OK

20min

材料（2人分）

さんま(三枚おろし)…2尾
塩・こしょう…少々
小麦粉…適量
れんこん…100g
かぼちゃ…80g
エリンギ…½パック
にんにく(みじん切り)…小さじ1
A 酒…大さじ1
A 砂糖…大さじ1
A しょうゆ…大さじ1½
サラダ油…大さじ1

下ごしらえ

さんま≫1枚を3等分にして、両面に塩・こしょうをふり、小麦粉を薄くまぶす
れんこん≫5mm厚さの半月切りにして5分ほど酢水（分量外）にさらす
かぼちゃ≫5mm厚さの薄切り
エリンギ≫横半分に切り、5mm幅に切る
A≫混ぜ合わせる

作り方

① フライパンにサラダ油を熱し、にんにくを入れて弱火で炒める。香りが立ったら、さんまを中火で焼く。両面焼けたら一度取り出しておく。

② ①のフライパンにれんこん、かぼちゃを入れて両面焼き色がつくまで焼いたらエリンギを加えてサッと炒める。さんまを戻し入れてAを加え、全体に味を絡め、お好みで万能ねぎをふる。

12/30

ねぎしょうゆだれ

その他

冷蔵 4日間

5 min

材料（作りやすい分量）

長ねぎ…1本
A しょうが…1片
A にんにく(すりおろし)…小さじ1
A 砂糖…大さじ2
A 酢…40ml
A しょうゆ…60ml
A オイスターソース…大さじ1
A 白いりごま…大さじ1
A ごま油…大さじ2

下ごしらえ

長ねぎ≫白髪ねぎにする
しょうが≫みじん切り

作り方

保存容器に長ねぎ、Aを入れて混ぜ合わせる。

Point

■ねぎカッターを使うと簡単に白髪ねぎが作れます。
■辛いものが好きな場合は、ラー油を加えてもおいしいです。

食べるときは

鍋の具材につけたり、豆腐の上にのせたりしてアレンジしてくださいね。

12/31

ベーコンくるくるハンバーグ

⏱25min

OK（電子レンジ）　冷蔵 2~3日間　肉

材料（2人分）

合いびき肉…300g
玉ねぎ…½個
パン粉…大さじ3
牛乳…大さじ2
A ┌卵…1個
　 │塩…小さじ⅓
　 └黒こしょう…少々
ベーコン（スライス）…4枚
片栗粉…適量
オリーブオイル…大さじ1
ケチャップ…大さじ2
ウスターソース…大さじ½
ピザ用チーズ…50g

下ごしらえ

玉ねぎ≫みじん切りにし、電子レンジ600Wで1分加熱して粗熱を取る
パン粉≫牛乳にひたす
ベーコン≫縦半分に切り、片面に片栗粉をまぶす

作り方

① ボウルにひき肉、玉ねぎ、パン粉、Aを入れる。粘りが出るまでこねて8等分し、丸く成形する。
② ①に、片栗粉をまぶした面を内側にしてベーコンをくるくる巻き付け、巻き終わりを爪楊枝で留める。
③ フライパンにオリーブオイルを熱し、②を並べ入れる。両面を強火で1分ずつ焼き、ふたをして弱火で7分蒸し焼きにする。
④ ケチャップとウスターソースを混ぜて③に塗る。
⑤ ピザ用チーズをのせて再びふたをし、弱火にかけてチーズを溶かす。お好みでパセリをふる。

Point

■ひき肉は粘りが出るまでよく混ぜ、両面を強火で焼き付けて肉汁を閉じ込めましょう。

Column 3

おうちの電子レンジに合わせて使える
ワット数ラクラク早見表

レシピに出てくる電子レンジのワット数が、家で使っているレンジと違う……
そんなときに役立つ早見表です。

200W	500W	600W	700W	1000W
3倍	1.2倍	基準	0.9倍	0.6倍
30秒	12秒	10秒	9秒	6秒
1分	24秒	20秒	18秒	12秒
1分30秒	36秒	30秒	27秒	18秒
2分	48秒	40秒	36秒	24秒
2分30秒	1分	50秒	45秒	30秒
3分	1分10秒	1分	54秒	36秒
4分30秒	1分50秒	1分30秒	1分20秒	54秒
6分	2分20秒	2分	1分50秒	1分10秒
9分	3分40秒	3分	2分40秒	1分50秒
12分	4分50秒	4分	3分40秒	2分20秒
15分	6分	5分	4分30秒	3分
18分	7分10秒	6分	5分20秒	3分40秒

※変換した時間はあくまで目安です。実際の食材の様子を見ながら、お持ちの電子レンジに合わせて微調節をしてください。

⚠ 電子レンジ調理の注意

① ホーロー容器・アルミカップは電子レンジNG

作りおきおかずの保存に便利なホーロー容器ですが、電子レンジの使用はできません。また、冷凍の際にアルミカップを使っている際も、そのまま電子レンジに入れずに、耐熱容器に移し替えて温めてください。

② 突沸現象（突然沸騰する）に注意

電子レンジは液体を加熱すると突沸現象が起こる可能性があります。加熱時間は短めに、口が広い容器で、様子を見ながら加熱しましょう。加熱後はすぐ取り出さずに少し時間をおき、火傷に注意して扱ってください。

③ 卵など殻付きの食品の加熱

殻や膜のある食品は破裂する可能性があります。生卵を加熱する場合は、必ず割りほぐしてから。ゆで卵、目玉焼きなども破裂の可能性があるため、あらかじめ楊枝などで黄身に数ヶ所穴を開けておくと安全です。

1月
2月
3月

の作りおき

01/01

大根と小梅の和風ピクルス

野菜
冷蔵 1週間
OK

材料（2人分）

大根…1/3本（300g）
梅干し（小粒）…8個
〈ピクルス液〉
酢…150㎖
水…100㎖
砂糖…大さじ2
塩…小さじ1
昆布…5g
赤唐辛子…1本

下ごしらえ

大根》1.5cm角の拍子木切り
赤唐辛子》種を取り除く

作り方

① 鍋に湯を沸かして塩少々（分量外）を加え、大根をサッとゆでてザルに上げ、粗熱を取る。
② 小鍋にピクルス液の材料を入れて火にかけ、ひと煮立ちしたら昆布を取り出し、火からおろして粗熱を取る。
③ 保存瓶に大根、梅干し、②を流し入れてふたを閉め、冷蔵庫で2〜3時間ほど漬け込む。

Point
■大根はシャキッとした食感を残すために、サッとゆでるのがポイントです。
■柚子の皮や塩昆布を入れるのもおすすめです。

01/02

ベビーホタテとエリンギの甘辛バター炒め

魚
冷蔵 2〜3日間
OK

材料（2人分）

ベビーホタテ…150g
エリンギ…1パック（100g）
にんにく（すりおろし）…小さじ1
A
酒…大さじ1
みりん…大さじ1
砂糖…大さじ1
オイスターソース…大さじ1
バター（無塩）…10g

下ごしらえ

エリンギ》輪切り

作り方

① フライパンでバターを熱し、溶けたらにんにくを加える。香りが立ったらベビーホタテ、エリンギを加え炒める。
② 全体がしんなりしたらAを加え、汁気がなくなったら火から下ろす。

Point
■エリンギの代わりにしめじやまいたけなど、ほかのきのこでアレンジしても。

01/03

鮭のちゃんちゃん焼き

15min

OK

冷凍 2週間

魚

材料（2人分）

生鮭…3切れ
塩・こしょう…少々
しめじ…1パック（100g）
玉ねぎ…½個（100g）
A
- 酒…大さじ1
- みりん…大さじ2
- 砂糖…大さじ1
- 合わせみそ…大さじ2

下ごしらえ

生鮭≫3〜4等分に切り、塩・こしょうをまぶす
しめじ≫石づきを切り落としてほぐす
玉ねぎ≫1㎝幅のくし切り

作り方

① 保存袋にAを入れてみそが溶けるように少し揉み込み、鮭、しめじ、玉ねぎを入れ、さらに揉み込む。

② 鮭が重ならないように平らにならして空気を抜き、口を閉じて半分に折ってバットにのせ冷凍庫に入れる。

食べるときは

凍ったままフライパンに入れて中火にかけ、水大さじ1（分量外）を加えてふたをし、10分蒸し焼きにします。ふたを開け、ざく切りにしたキャベツ100g（分量外）を加えて水分がなくなるまで炒め、無塩バター15g（分量外）を加えてサッと炒めて完成です。

Point

- 水っぽくならないように、キャベツは後入れするのがポイントです。
- 仕上げにバターを加えることで、コクが増して風味よく仕上がります。

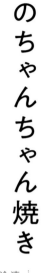

01/04

ジューシー煮込みハンバーグ

20min

OK

冷蔵 4~5日間

肉

材料（作りやすい分量）

合いびき肉…400g
玉ねぎ…1個
卵…1個
A パン粉…½カップ
A 牛乳…大さじ3
A 塩・こしょう…少々
A ケチャップ…大さじ2
オリーブオイル…大さじ½
B 酒…100mℓ
B 砂糖…大さじ1
B ウスターソース…100mℓ
B ケチャップ…100mℓ

下ごしらえ

玉ねぎ≫みじん切り
パン粉≫牛乳にひたす

作り方

① 耐熱ボウルに玉ねぎを入れ、ふんわりとラップをかけて電子レンジ600Wで2分加熱し、粗熱を取る。
② ボウルに①、ひき肉、Aを入れて粘りが出るまでよく混ぜる。8等分して小判形に成形し、中心をくぼませる。
③ フライパンにオリーブオイルを熱し、②を並べ入れて強火で両面焼く。こんがりと焼き色がついたらふたをして弱火で5分蒸し焼きにする。
④ Bを加えてハンバーグに絡めながら中火で3分煮詰める。お好みでパセリをふる。

Point

- 酢が含まれるケチャップを肉だねに入れることで防腐効果が高まり、ハンバーグの日持ちにつながります。
- トマトはグルタミン酸を多く含むため、肉の臭みを消してジューシーなうま味がアップします。

01/05

かきのオイル漬け

30min

材料（2人分）

生がき（加熱用）…200g
塩…小さじ½
酒…大さじ1
オイスターソース…大さじ1
にんにく…1片
唐辛子（輪切り）…適量
オリーブオイル…200mℓ

魚
冷蔵 1~2週間
OK

下ごしらえ

かき≫ボウルに水（分量外）と塩を入れ、優しく洗う。2、3回水を替えしっかりと汚れを落とし、キッチンペーパーで水気を拭き取る

にんにく≫縦半分に切る

作り方

① フライパンにかきと酒を入れ強火で加熱する。かきから水分が出てグツグツと沸騰し、身がプリッとするまで加熱する。

② 水分がなくなったら中火にし、オイスターソースを回しかけて炒める。全体に絡んだらバットに移し、粗熱を取る。

③ 瓶に②とにんにく、唐辛子、オリーブオイルを加えてふたをする。

Point

■1日以上おくと味がなじんでおいしく仕上がります。

保存

ふたを開けたらなるべくお早めにお召し上がりください。

01/06

アボカドのめんつゆ漬け

15min

材料（作りやすい分量）

アボカド…1個
にんにく…1片
めんつゆ（3倍濃縮）…60mℓ
水…120mℓ
ごま油…大さじ1

野菜
冷蔵 2~3日間

下ごしらえ

アボカド≫小さめのひと口大に切る

にんにく≫薄切り

作り方

① 保存容器にアボカドとにんにくを入れる。

② めんつゆ、水、ごま油を合わせて①に流し入れる。

③ クッキングシートを保存容器の大きさに合わせて切り、落としぶたにする。しっかりとふたをしめて冷蔵庫で半日~1日漬ける。

Point

■アボカドは、かたいものを使うとしっかりと食感が残り、やわらかいものを使うと、とろっとした食感になります。お好みのかたさのものを使ってください。

01/07

肉巻きエリンギのみそマスタード焼き

肉
冷蔵 3~4日間
OK

材料（2人分）

豚バラ肉（薄切り）…200g
エリンギ…150g
砂糖…小さじ1
マスタード…大さじ1
みそ…大さじ1
サラダ油…大さじ1

下ごしらえ

エリンギ≫縦4等分に切る。大きいものは横半分に切ってから4等分にする

作り方

① ボウルに砂糖、マスタード、みそを混ぜ合わせて豚肉の表面に塗る。
② ①の豚肉にエリンギをのせて巻きつける。
③ フライパンにサラダ油を熱し、②の巻き終わりを下にして焼く。全体に焼き色がついたら、ふたをして5分蒸し焼きにする。お好みでレモンを添える。

Point

■豚肉を巻くとき、巻き終わりをギュッと握るとはがれにくくなります。
■加熱することでマスタードの風味は残りますが辛みはやわらぐので、お子様でも食べやすい味に仕上がります。

15 min

01/08

鶏ささみ肉のコチュマヨ焼き

肉
冷凍 2週間
OK

材料（4食分）

鶏ささみ…6本
A
酒…大さじ3
コチュジャン…大さじ3
マヨネーズ…大さじ3
にんにく（すりおろし）…小さじ1
ごま油…大さじ1

下ごしらえ

鶏ささみ≫筋を取り、一口大のそぎ切り

作り方

① 鶏ささみを密閉保存袋に入れ、Aを加え、袋の上から揉み込む。
② 空気を抜いて口を閉じ、手で4等分に筋を付けて冷凍庫で保存する。

食べるときは

冷凍庫から取り出し、常温で30分ほど解凍します。フライパンにごま油を熱し、漬けだれを軽くぬぐった鶏ささみを入れ、弱めの中火で両面2分ずつ焼きます。残ったたれを加え、煮絡めて完成です。

5 min

01/09

ささみとほうれん草のごまあえ

⏱20min

野菜

冷蔵 2~3日間

OK

材料（2人分）

鶏ささみ…3本（180g）
塩…少々
酒…大さじ2
ほうれん草…1束
A 白いりごま…大さじ3
　砂糖…大さじ2
　しょうゆ…大さじ1½

下ごしらえ

鶏ささみ≫筋を取る
ほうれん草≫ラップで包み、電子レンジ600Wで2分加熱する。ラップを外して水にさらし、絞って水気を切り3cm長さに切る
白ごま≫すり鉢でする

作り方

① 鶏ささみを耐熱容器に入れ、塩、酒をなじませてふんわりラップをかけ、電子レンジで2分30秒加熱する。電子レンジから出したらすぐにラップを外して蒸気を逃がし、粗熱を取る。
② 鶏ささみを手で細かくほぐしてほうれん草と合わせ、Aを混ぜ合わせる。

Point

■鶏ささみは火が入りすぎるとパサパサとした食感になってしまうので、様子をみながら加熱時間を調節してください。

01/10

揚げないえびカツ

⏱25min

魚

冷蔵 2~3日間

OK

材料（2人分）

むきえび…130g
はんぺん…1枚
玉ねぎ…¼個
A 酒…小さじ1
　塩・こしょう…少々
　鶏がらスープの素…小さじ1
　片栗粉…大さじ2
　マヨネーズ…大さじ1
パン粉…適量
サラダ油…適量

下ごしらえ

むきえび≫背ワタを取り、みじん切り
玉ねぎ≫みじん切り

作り方

① ボウルにむきえび、ちぎったはんぺん、玉ねぎ、Aを入れて手でよくこねる。
② 8等分して平たい円形に整え、パン粉をまぶす。
③ アルミホイルを敷いた天板に並べてサラダ油をかけ、トースターで焼き色がつくまで15分焼く。

Point

■えびはプリプリの食感を楽しむために粗めに刻むのがおすすめです。

01/11

ゆず白菜

材料（2人分）

白菜…¼株
ゆず…1個
塩…小さじ½
塩昆布…5g
赤唐辛子（輪切り）…少々
砂糖…小さじ1
だしの素…小さじ1

50min

野菜
冷蔵 2〜3日間
OK

下ごしらえ

白菜≫ざく切り
ゆず≫皮をピーラーでむき、せん切り。果実は半分に切って果汁を搾る

作り方

① 白菜をボウルに入れて塩を加えて揉み込む。重しをのせて30分ほど置いて絞って水気を切る。
② ボウルに白菜、ゆずの皮、種を除いたゆず果汁、塩昆布、赤唐辛子、砂糖、だしの素を加えて混ぜ合わせる。
③ 保存容器に入れてふたをしめ、冷蔵庫で2〜3時間ほど漬け込む。

Point
■ゆずはピーラーで皮をむくと白い部分が残らずに剥けます。

01/12

自家製ツナフレーク

材料（2人分）

まぐろ…150g
オリーブオイル…150mℓ
塩…小さじ½

10min

魚
冷蔵 2〜3日間
OK

下ごしらえ

まぐろ≫2㎝角に切る

作り方

① 鍋にまぐろとオリーブオイルを入れ、弱火で加熱する。
② まぐろの色が変わってきたら、菜箸やスプーンで潰しながらほぐす。
③ ほぐれたら塩を加えて味を調え、粗熱を取る。

Point
■まぐろをほぐす際はオリーブオイルが少し残る程度に水分を飛ばすと、しっとりとした食感になります。

食べるときは
冷蔵庫で冷やすとオイルが固まることがあるので、使用する分だけ取り分け、軽くレンジで加熱してから食べてくださいね。

@rosso___

01/13

鶏もも肉とれんこんの梅煮

30min

肉
冷蔵 2~3日間
OK

材料（2人分）

鶏もも肉…1枚
れんこん…200g
梅干し…2個
だし汁…200㎖
（だしの素…小さじ1
水…200㎖）
A みりん…小さじ1
A 砂糖…小さじ1
A 塩…少々
A しょうゆ…大さじ1
ごま油…大さじ1

下ごしらえ

鶏肉≫ひと口大に切る
れんこん≫乱切りにして5分水にさらす
梅干し≫小さくちぎり、種は捨てずに取っておく

作り方

① フライパンにごま油を熱し、鶏肉を両面をこんがりと焼く。
② れんこんを加えて3分炒め、Aと梅干しを種ごと加えて落としぶたをし、弱めの中火で水分が少なくなるまで15分ほど煮る。

Point

■一度冷ますと、味がなじんでさらにおいしくなります。
■鶏肉は焼いてから煮ると、うま味をぎゅっと閉じ込められます。

01/14

ピリ辛高菜の豚そぼろ

10min

肉
冷蔵 3~4日間
OK

材料（2人分）

豚ひき肉…200g
高菜漬け（きざみ）…100g
しょうが…1片
豆板醤…小さじ1
A 酒…大さじ2
A みりん…大さじ2
A しょうゆ…大さじ1½
ごま油…大さじ1
白いりごま…大さじ1

下ごしらえ

しょうが≫みじん切り
A≫混ぜ合わせる

作り方

① フライパンにごま油を熱し、しょうが、豆板醤を入れて弱火で炒める。香りが立ったらひき肉を加えて炒め、色が変わったら高菜漬けを加えて炒め合わせる。
② 全体に油が回ったらAを入れる。水分を飛ばしながら炒めたら火を止めて白いりごまをふる。

Point

■しょうがと豆板醤は焦げやすいので、弱火でじっくりと炒めてください。
■ひき肉はそぼろ状になるまで炒めてから調味料を加えると味がよくなじみます。

01/15

照り焼きのりっこ鶏つくね

20min

肉 冷蔵2〜3日間 OK

材料（2人分）

鶏ひき肉…200g
塩・こしょう…小さじ⅓
しょうが（すりおろし）…小さじ1
絹ごし豆腐…100g
長ねぎ…40g
片栗粉…大さじ2
焼きのり…1枚
A
みりん…小さじ1
めんつゆ（3倍濃縮）…大さじ3
砂糖…小さじ1
しょうゆ…小さじ1
ごま油…大さじ1

下ごしらえ

長ねぎ≫みじん切り
焼きのり≫8等分に切る

作り方

① ボウルにひき肉、塩・こしょう、しょうが、絹ごし豆腐、長ねぎ、片栗粉を入れて混ぜ合わせる。
② 手に8分の1量を取り楕円に成形し、焼きのりを巻きつける。
③ フライパンにごま油を熱し、②を両面焼く。
④ Aを入れて煮絡める。

食べるときは
■食べるときは温め直してください。
■お弁当に入れる際は温め直して、粗熱を取ってから入れてくださいね。

01/16

もやしの南蛮漬け

10min

野菜 冷蔵2〜3日間

材料（2人分）

もやし…1袋
玉ねぎ…40g
にんじん…½本（75g）
ピーマン…2個
塩・こしょう…少々
A
砂糖…大さじ1
ポン酢…100㎖
水…大さじ2
ごま油…小さじ2

下ごしらえ

玉ねぎ≫薄切り
にんじん、ピーマン≫細切り

作り方

① 耐熱ボウルにもやし、玉ねぎ、にんじん、ピーマン、塩・こしょうを入れてサッと混ぜ、ラップをかけて電子レンジ600Wで2分加熱する。
② 別のボウルにAを入れて混ぜ合わせる。
③ ①の水気をキッチンペーパーで拭き取り、②に入れて混ぜ合わせる。

Point
■電子レンジ加熱後、水気が残っていると味が薄くなるので、しっかりと拭き取りましょう。
■漬けてすぐでも食べられますが、しっかりと味が染み込んでからのほうがおすすめです。

01/17

手作り冷凍春巻き

OK（電子レンジ）｜冷凍 2週間｜肉

材料（2人分）

- 春巻きの皮…8枚
- 豚ひき肉…120g
- たけのこ（水煮）…80g
- 干ししいたけ…20g
- しょうが（みじん切り）…1片分
- 緑豆春雨（乾燥）…30g
- ごま油…大さじ1
- サラダ油…適量

A
- 干ししいたけの戻し汁…80㎖
- 酒…大さじ1
- みりん…大さじ1
- しょうゆ…大さじ1
- オイスターソース…小さじ1
- 砂糖…小さじ1
- 水溶き片栗粉…大さじ1
  （片栗粉…小さじ1　水…大さじ1）

〈のり〉
- 小麦粉…大さじ1
- 水…大さじ1

下ごしらえ

たけのこ≫熱湯をかけて、5㎜幅の細切り

干ししいたけ≫ぬるま湯で戻し、戻し汁は捨てずに汁気を絞る。軸を落として薄切り

春雨≫熱湯に3分浸し、やわらかくなったらザルに上げて食べやすい長さに切る

のり≫混ぜ合わせる

作り方

① フライパンにごま油、しょうがを熱し、香りが立ったらひき肉を炒める。色が変わったらたけのこ、干ししいたけを加える。

② 油が回ったら春雨、Aを加えて水分を飛ばしながら炒め合わせ、弱火にして水溶き片栗粉でとろみをつける。バットに広げてさます。

③ 春巻きの皮を角を手前に広げ、真ん中より少し手前に②の8分の1量をのせ巻き終わりにのりを塗って閉じる。残りを同様に作る。

保存&食べるときは

- 春巻きを1本ずつラップに包み、密閉保存袋に入れ、冷凍庫で保存します。
- 食べるときは凍ったまま170℃のサラダ油に入れ、きつね色になるまで揚げてください。自然解凍すると水分が出てしまうので、凍ったまま揚げます。

01/18

シャキシャキ生キムチ

野菜
冷蔵 2~3日間

材料（2人分）

白菜…1/8株
小ねぎ…1/2束
いかの塩辛…30g
粉唐辛子…大さじ3
A
- はちみつ…大さじ1
- ナンプラー…大さじ1
- にんにく（すりおろし）…小さじ2
- しょうが（すりおろし）…小さじ2

水…適量
塩…適量

下ごしらえ

白菜≫ひと口大のざく切り
小ねぎ≫5cmの長さに切る

作り方

① ボウルにたっぷりの水と塩（水に対して3%）を入れる。白菜を加えて30分置き、水気をしっかり切る。
② ボウルにAを入れて①、小ねぎ、いかの塩辛を加えてあえる。

Point
■食感を残すために塩水にひたしていますが、塩揉みしてもおいしく仕上がります。

01/19

オムレツ風カレーマッシュポテト

野菜
冷凍 2週間
OK

材料（2人分）

合いびき肉…50g
玉ねぎ…30g
じゃがいも…3個（300g）
A
- バター（有塩）…5g
- カレー粉…小さじ2
- コンソメ…小さじ1
- 塩・こしょう…少々
- 牛乳…大さじ2

塩・こしょう…少々

下ごしらえ

玉ねぎ≫みじん切り
じゃがいも≫ひと口大に切る

作り方

① 耐熱容器にひき肉、玉ねぎ、塩・こしょうを入れて混ぜ合わせ、ふんわりとラップをかけて電子レンジ600Wで1分30秒加熱する。取り出してほぐし、粗熱を取る。
② 別の耐熱容器にじゃがいもを入れ、ふんわりラップをかけて電子レンジで7分加熱し、熱いうちに潰す。
③ ②にAを加えて混ぜ合わせる。
④ ③の6分の1量をラップにのせて平らにならし、中心に①の6分の1量をのせてオムレツ形に包む。残りも同様にする。

保存&食べるときは
粗熱が取れたらそのままラップに包み、保存容器に入れて冷凍庫で保存します。食べる半日前に冷蔵庫に移して解凍し、電子レンジで30秒～1分ほど加熱します。

01/20

マグカップクリームシチューの素

冷凍 2週間

その他

20min

材料（6食分）

にんじん…120g
ベーコン…50g
玉ねぎ…150g
じゃがいも…150g
バター（無塩）…50g
小麦粉…50g
牛乳…200mℓ
コンソメ…小さじ2
塩・こしょう…少々
牛乳（解凍用、シチュー1食分）…60mℓ

下ごしらえ

にんじん、ベーコン、玉ねぎ、じゃがいも≫1cm角に切る

作り方

① フライパンにバターを熱し、にんじん、ベーコン、玉ねぎ、じゃがいもを加えて炒める。
② ①がしんなりしてきたら小麦粉をふるい入れ、さらに炒める。
③ 粉気がなくなってきたら、牛乳、コンソメ、塩・こしょうを加え、弱火で5分煮込む。
④ 粗熱が取れたら6分の1量ずつラップに包み、冷凍する。

食べるときは

■ マグカップにシチューの素、牛乳を加え、電子レンジ600Wで4分加熱してよく混ぜます。お好みでパセリをかけて召し上がれ。とろみが足りない場合はラップを外してさらに加熱してください。

01/21

たっぷりきのこのしぐれ煮

きのこ
冷蔵 2~3日間
OK

材料（2人分）

まいたけ…1パック（100g）
しいたけ…4本（100g）
えのきだけ…1袋（200g）
しょうが…1片
A
酒…大さじ3
みりん…大さじ2
砂糖…大さじ½
しょうゆ…大さじ2

下ごしらえ

まいたけ≫石づきを切り落としてほぐす
しいたけ≫石づきを切り落として薄切り
えのき≫石づきを切り落として半分の長さに切る
しょうが≫せん切り

作り方

① フライパンにきのこ類としょうがを入れ炒める。少ししんなりしてきたら、Aを加えて混ぜ合わせる。
② ひと煮立ちしたら、汁気が少なくなるまで10分ほど煮詰める。

Point
■お好みでしょうがの分量を増やしても、おいしく食べられます。
■きのこの種類を変えるなど、アレンジしてみてくださいね。

01/22

自家製くるみみそ

その他
冷蔵 1週間
OK

材料（2人分）

くるみ（素焼き）…100g
合わせみそ…100g
砂糖…40g
みりん…60mℓ

下ごしらえ

くるみ≫ポリ袋に入れ、めん棒でたたいて粗く砕く

作り方

① フライパンにみそ、砂糖、みりんを入れて中火にかけ、混ぜ合わせる。
② ツヤが出てきたら弱火にし、砕いたくるみを加えてよく絡める。

Point
■生のくるみを使う際は、一度フライパンで乾煎りしてください ね。
■くるみはお好みの大きさに砕いてください。

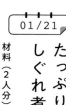

01/23

塩こんおからサラダ

10min

野菜
冷蔵 2~3日間
OK

材料（2人分）

おからパウダー…40g
にんじん…50g
むき枝豆…40g
塩昆布…10g
豆乳…150㎖
A 酢…大さじ1
A 白だし…大さじ1
オリーブオイル…大さじ1

下ごしらえ

にんじん≫せん切り

作り方

1. にんじんを耐熱ボウルに入れてラップをかけて電子レンジ600Wで1分30秒加熱する。
2. 別のボウルにおからパウダー、豆乳を入れて混ぜ合わせる。
3. Aを加えてさらに混ぜ合わせる。
4. ①、枝豆、塩昆布を加えて混ぜ合わせる。

Point

■生のおからを使う場合、豆乳の分量は様子をみて調整してください。

01/24

ふわっとマヨチキンナゲット

15min

肉
冷凍 2週間
OK

材料（2人分）

鶏むね肉…1枚（350g）
A 卵…1個
A コンソメ…小さじ1
A マヨネーズ…大さじ2
A 塩・こしょう…少々
A 小麦粉…大さじ2
サラダ油…適量

下ごしらえ

鶏肉≫皮と余分な脂を取り除き、粗みじん切りにしたら包丁でたたいてミンチ状にする

作り方

1. ボウルに鶏肉とAを入れ、粘りが出るまでよく混ぜる。12等分にし、スプーンでナゲット形に成形する。
2. フライパンに多めのサラダ油を熱し、①を優しく落とし入れる。
3. 両面を3分ずつ揚げ焼きにする。

Point

■鶏肉はしっかりとたたいてミンチにすると、やわらかくふわっと仕上がります。ひき肉を買うよりお手頃です。

保存&食べるときは

2個ずつおかずカップにのせて冷凍庫で保存する。冷蔵庫に移して解凍し、トースターで3~4分ほど焼きます。

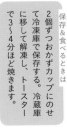

01/25

豚こまボールの油淋鶏《ユーリンチー》風

肉
冷蔵 2~3日間
OK

20min

材料（2人分）

豚こま切れ肉…300g
A
酒…大さじ1
塩…少々
黒こしょう…少々
片栗粉…大さじ1
サラダ油…適量
〈合わせだれ〉
長ねぎ…1/2本（50g）
酒…大さじ1
砂糖…大さじ2
酢…大さじ1 1/2
しょうゆ…大さじ2
ごま油…大さじ1
白いりごま…大さじ1

下ごしらえ

長ねぎ≫みじん切り

作り方

① ボウルに合わせだれの材料を混ぜ合わせる。
② 別のボウルに豚肉を入れ、Aを加えて揉み込む。12等分にしてひと口大にぎゅっと丸める。
③ フライパンにサラダ油を1cmほど入れて170℃に熱し、②を並べ入れて転がしながらこんがりと揚げる。
④ 別のフライパンに①を熱し、③を加えて全体に味をなじませる。

Point

■豚こま肉に酒と片栗粉を揉み込むことで、外はカリッと中はジューシーに仕上がります。

01/26

こんにゃくと厚揚げのにんにくしょうゆ炒め

その他
冷蔵 2~3日間
OK

15min

材料（2人分）

こんにゃく…1枚（300g）
厚揚げ…1枚
にんにく…2片
A
酒…大さじ2
みりん…大さじ2
砂糖…大さじ1/2
しょうゆ…大さじ2 1/2
ごま油…大さじ1

下ごしらえ

こんにゃく≫両面に格子状の切れ目を入れ、ひと口大にちぎる
厚揚げ≫熱湯をかけて油抜き
にんにく≫輪切り

作り方

① こんにゃくとかぶるくらいの水を耐熱ボウルに入れ電子レンジ600Wで2分加熱し、水気を切る。
② フライパンを熱し、①を入れて1分ほど乾煎りし、ごま油、にんにくを加えてさらに炒める。
③ 表面に少し色がついてきたら、厚揚げをちぎりながら入れる。
④ Aを加えて汁気がなくなるまで弱中火で煮詰める。

Point

■こんにゃくは切れ目を入れて下ゆでし、乾煎りすると調味料が染み込みやすくなります。
■唐辛子や豆板醤を加えてピリ辛にするのもおすすめです。

01/27

ツナカレーマカロニサラダ

20min

材料（2人分）

マカロニ…120g
ツナ缶…1缶
きゅうり…1本
にんじん…40g
ゆで卵…2個
サラダ油…大さじ1
マヨネーズ…大さじ4
カレー粉…大さじ½
塩・こしょう…少々

野菜
冷蔵 2~3日間
OK

下ごしらえ

きゅうり≫薄い小口切りにし、塩少々（分量外）をふって10分ほど置き、絞って水気を切る
にんじん≫薄めのいちょう切り
ゆで卵≫粗めのみじん切り

作り方

① 鍋に湯1リットル（分量外）を沸かして塩小さじ1（分量外）を入れ、マカロニを袋の表記時間通りゆでで、ゆであがる1分前ににんじんを加える。
② ザルに上げてしっかり水気を切り、ボウルに入れてサラダ油を加えて混ぜる。
③ ②にツナ缶、きゅうり、ゆで卵、マヨネーズ、カレー粉、塩・こしょうを加えて混ぜ合わせる。

Point

■きゅうりは塩をふったあとしっかり水気を絞ると水っぽさがなくなります。
■マカロニはサラダ油を回しかけるとくっつかず、マヨネーズが絡みやすくなります。

01/28

ささみのオイル漬け

25min

材料（作りやすい分量）

鶏ささみ…4本
A ─砂糖…小さじ1
　─塩…小さじ1
にんにく…2片
塩…少々
サラダ油…100mℓ

下ごしらえ

にんにく≫薄く輪切り
鶏ささみ≫筋を取り、Aを揉み込み10分置く。水分は拭き取る

肉
冷蔵 2~3日間

作り方

鍋に鶏ささみ、にんにく、塩、サラダ油を入れ火にかける。鶏ささみの上下を返し、全体が白っぽくなったら火を止めて余熱で火を通す。

Point

■鶏ささみは余熱で火を通すとしっとりと柔らかくなります。
■サラダ油はお好みでオリーブオイルに代えてもおいしくできます。

保存&食べるときは

保存容器に入れた際、サラダ油から鶏ささみが出てしまう場合は油を足し、ひたひたに浸かる状態にしてください。ほぐしてサラダやパスタなど色々な料理に使えます。また、漬けていた油を使ってペペロンチーノを作ってもおいしいです。

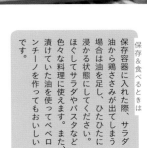

01/29

糸こんにゃくと牛ごぼうのしぐれ煮

20min

OK

冷蔵 3～4日間

肉

材料（2人分）

牛切り落とし肉…200g
糸こんにゃく…1パック（200g）
ごぼう…1本
しょうが…2片
赤唐辛子（輪切り）…3g
ごま油…大さじ1

A
酒…大さじ2
砂糖…大さじ2
みりん…大さじ2
しょうゆ…50㎖

下ごしらえ

牛肉≫食べやすい大きさに切る
糸こんにゃく≫アク抜きし、食べやすい長さに切る
ごぼう≫ささがきにし、水に1分さらす
しょうが≫せん切り

作り方

① フライパンに糸こんにゃくを入れ、水分がなくなるまで乾煎りする。
② 糸こんにゃくをフライパンの端に寄せ、空いたスペースにごま油を引き、しょうがと赤唐辛子を入れて弱火で炒め、混ぜ合わせる。香りが立ったらごぼうを加えて炒める。
③ ごぼうに油がまわったら牛肉を加え、色が変わるまで炒める。Aを入れてふたをし、弱めの中火で5分煮る。
④ ふたを開けてさらに煮て、水分を飛ばす。

Point

■糸こんにゃくは乾煎りして水分を飛ばすと、できあがりが水っぽくならず、調味料の染み込みもよくなります。

01/30

きのこ回鍋肉《ホイコーロー》

20min

きのこ

冷蔵 2~3日間

OK

材料（2人分）

豚バラ肉（薄切り）…200g
ピーマン…2個（75g）
しめじ…1パック（100g）
まいたけ…1パック（100g）
しょうが…1片
豆板醤…小さじ1
ごま油…大さじ1
A
酒…大さじ2
砂糖…大さじ1
しょうゆ…大さじ1
みそ…大さじ1

下ごしらえ

豚バラ肉≫4cm幅に切る
ピーマン≫ひと口大の乱切り
しめじ、まいたけ≫石づきを切り落としてほぐす
しょうが≫みじん切り
A≫混ぜ合わせる

作り方

① フライパンにごま油、しょうが、豆板醤を入れて火にかける。香りが立ったら豚バラ肉を加えて炒め、色が変わったらピーマンを加えてさらに炒める。
② 全体に油がまわったらしめじ、まいたけを加えてしんなりするまで炒め、Aを回し入れて強火でサッと炒め合わせる。
③ 仕上げにごま油（分量外）を少々回し入れる。

Point

■調味料を加えたら強火で手早く炒めるのがポイントです。

01/31

ミートドリア風トースト

25min

その他

冷凍 2週間

材料（2人分）

食パン（6枚切り）…4枚
合いびき肉…200g
にんにく（みじん切り）…1片分
玉ねぎ…1/2個（100g）
にんじん…1/3本（50g）
カットトマト缶…150g
A
ケチャップ…大さじ4（60g）
中濃ソース…大さじ3
塩…小さじ1/2
こしょう…少々
サラダ油…大さじ1
ピザ用チーズ…50g

下ごしらえ

玉ねぎ、にんじん≫みじん切り

作り方

① フライパンにサラダ油を弱火で熱し、にんにくを加える。香りがしてきたら、玉ねぎ、にんじんを加えて中火で炒める。
② 野菜がしんなりしたらひき肉を加えて炒め合わせる。肉の色が変わったらカットトマト缶とAを加え、汁気を飛ばしながら中火で10~15分煮詰め、粗熱を取る。
③ 食パンの周囲を1cm残してスプーンで押し込み、くぼみを作る。
④ ②を食パンのくぼみに入れて平らにならし、ピザ用チーズを散らす。

保存&食べるときは

1枚ずつラップに包み、密閉保存袋に入れ、冷凍庫に入れます。食べるときは凍ったままトースターで10分ほど焼いてくださいね。

工夫が必要な食材リスト

作りおきにも役立つ食材について解説します。

△ 作りおきに使うときに工夫が必要な食材

キャベツ
煮たり炒めたり幅広く使える。和え物にするときには塩揉みをしてから。

レタス
生のまま使うと水分が出やすいので、加熱して使うか、酢を使うレシピに。

白菜
煮物などにすると◎。和え物にするときには塩揉みをしてから。

もやし
新鮮なものを使い、レンチン加熱でしっかり水気を拭き取り、和え物に。

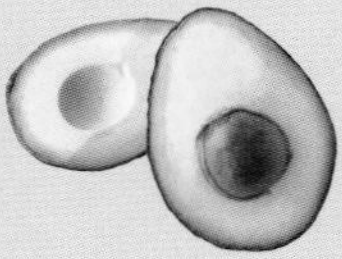

アボカド
切り口から色が変わるので、変色が気にならない和え物や漬け物に。

豚バラ肉
冷めると脂が固まってしまうので、温めて食べる料理に。

Point

水分が出やすい葉物野菜はひと工夫して調理。脂が多い肉は温めて食べるのがベター

Column 4

作りおきに向いている食材・

日常的に使う食材の中から、作りおきに向いている食材と、工夫次第で

◎ 作りおきに向いている食材

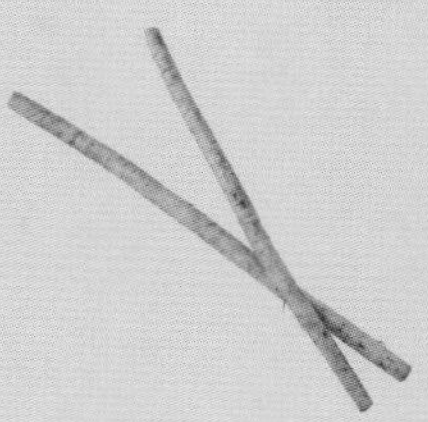

ごぼう

繊維が固くて水分が出にくいので、作りおきの煮物や炒め物に。

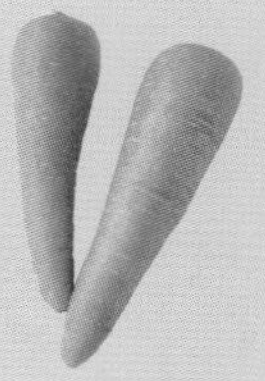

にんじん

ごぼうと同じく水分が出にくいにんじん。生のままでも、料理の彩りにも。

れんこん

煮物や揚げ物のほかに、すりおろして使っても◎。

大根

煮物や生のまま浅漬けやピクルスの具材に。

さつまいも

イモ類も水分が出にくいのでおすすめ。煮物や炒め物などに◎。

牛バラ肉

火が通りやすく、脂が少ないので煮物や炒め物に。

鶏もも肉

時間がたっても柔らかい鶏もも肉は、揚げ物や煮物などに。

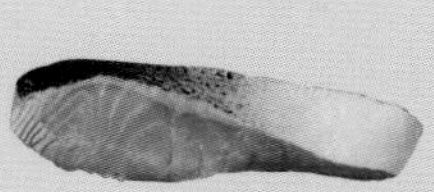

鮭

切り身をそのまま使える鮭は、煮物や揚げ物、炒め物など万能。

Point

野菜は根菜類の他にもイモ類も。脂が少なめな肉類や魚類が向いている!

02/01

鶏むね肉の南蛮漬け

20min

OK（電子レンジ）
冷蔵 2〜3日間
肉

材料（2人分）

鶏むね肉…1枚（300g）
片栗粉…大さじ1
塩・こしょう…適量
玉ねぎ…1/2個
にんじん…80g
ピーマン…1個
A
だし汁…100㎖
（だしの素…小さじ1/3
水…100㎖）
酢…50㎖
砂糖…大さじ3
しょうゆ…大さじ2
サラダ油…大さじ1

下ごしらえ

鶏肉 ≫ 皮を取り除き、ひと口大に切ったら、塩・こしょうをふり、片栗粉をまぶす
玉ねぎ ≫ 薄切り
にんじん、ピーマン ≫ せん切り

作り方

① フライパンにサラダ油を熱し、鶏肉に火が通るまで加熱する。
② 耐熱ボウルにAを入れ、ラップをかけ電子レンジ600Wで30秒加熱する。熱いうちに①、野菜類を入れ全体をなじませ粗熱を取る。

Point

■片栗粉は鶏肉にまんべんなくまぶしてください。
■Aの調味液が熱いうちに全体を和えることで、味がなじみやすくなります。

02/02

ツナと大根の炒め煮

野菜
冷蔵 2~3日間
OK

30min

材料（2人分）
大根…½本
ツナ缶…2缶
めんつゆ（3倍濃縮）…大さじ3½
水…200mℓ
ごま油…大さじ1

下ごしらえ
大根≫1cm厚さのいちょう切り

作り方
①フライパンにごま油を熱し、大根を入れて3分炒める。
②ツナ、めんつゆ、水を加え、落としぶたをして弱めの中火で20分ほど汁気がなくなるまで煮込む。

Point
■ツナ缶は油ごと使うとコクが出ます。

02/03

ソーセージの大葉巻き

肉
冷蔵 2~3日間
OK

10min

材料（2人分）
ソーセージ…6本
大葉…6枚
餃子の皮…6枚
サラダ油…適量
水…適量

下ごしらえ
ソーセージ≫縦に1本切り込みを入れる

作り方
①餃子の皮の手前に大葉、ウィンナーを置き、巻き終わりに水を付けてきつめに巻く。同じものを6本作る。
②フライパンにサラダ油を熱し、①の巻き終わりを下にして並べ入れる。ときどき裏返しながらきつね色になるまで揚げ焼きにする。

食べるときは
トースターで3~5分カリッとするまで焼いてください。

Point
■ウインナーにあらかじめ切れ目を入れておくことで、皮が破れるのを防げます。

02/04

しらたきとツナの炒め煮

材料（2人分）

- しらたき…1袋（200g）
- にんじん…1/3本
- ツナ缶…1缶
- ごま油…大さじ1
- A みりん…大さじ1
- A しょうゆ…大さじ1
- 白いりごま…適量

その他
冷蔵 2~3日間
OK

下ごしらえ

しらたき≫食べやすい長さに切る
にんじん≫5cm長さの細切り
ツナ缶≫油を切る

作り方

① しらたきは耐熱容器に入れ、かぶるくらいの水（分量外）を注いで電子レンジ600Wで2分30秒加熱し、ザルに上げて水気を切る。

② フライパンにごま油を熱し、しらたきとにんじんを入れて炒める。ツナとAを加えて強火で汁気がなくなるまで煮詰めたら、仕上げに白いりごまをふり入れ、混ぜ合わせる。

Point
■しらたきはレンジでアク抜きをすると簡単です。

02/05

ほうれん草とさばみそのごまあえ

材料（2人分）

- ほうれん草…2束
- にんじん…1/3本
- さばみそ煮缶…1缶（160g）
- A めんつゆ（3倍濃縮）…小さじ1
- A すりごま…大さじ2
- A ごま油…小さじ1

魚
冷蔵 2~3日間
OK

下ごしらえ

にんじん≫せん切り

作り方

① 鍋に湯を沸かし、塩（分量外）を入れてにんじんをサッとゆでる。次に、ほうれん草の根元の部分を30秒ほどゆで、その後、全体を30秒ゆで冷水に取る。

② ほうれん草の水気をしっかりと切り、3~4cm長さに切る。

③ ボウルにほうれん草、にんじん、さば缶を汁ごと入れて混ぜ合わせる。Aを加えて全体に味を絡める。

Point
■ほうれん草とにんじんの下ゆでは、電子レンジを使ってもOK。

02/06

甘辛スティックチキンごぼう

⏱20min　OK（電子レンジ）　冷蔵 2~3日間　肉

材料（2人分）

鶏むね肉…1枚
酒…大さじ1
砂糖…小さじ1/2
ごぼう…1/2本
A ┌砂糖…大さじ2
　 │しょうゆ…大さじ3
　 └みりん…大さじ3
片栗粉…適量
サラダ油…適量
白いりごま…大さじ1

下ごしらえ

鶏肉≫1cmの厚さのそぎ切りにしてから、1cm幅のスティック状に切る。酒、砂糖をふりかけて15分ほど置く
ごぼう≫4cm長さに切ってから縦半分に切り、水にさらす

作り方

①鶏肉、ごぼうに片栗粉をまぶす。
②フライパンに深さ2cmほどのサラダ油を入れて170℃に熱し、鶏肉、ごぼうを揚げる。
③別のフライパンにAを入れて煮立たせる。②を加えて煮絡め、白いりごまを入れて混ぜ合わせる。

Point

■鶏肉の下味に砂糖を使うことでしっとりと仕上がります。

02/07

担々肉みそ

肉
冷蔵 2~3日間
OK

材料（作りやすい分量）

- 豚ひき肉…250g
- しょうが（すりおろし）…小さじ1
- にんにく（すりおろし）…小さじ1
- 豆板醤…小さじ1
- A
  - 酒…大さじ1
  - しょうゆ…小さじ1
  - 甜麺醤…大さじ2
- ごま油…大さじ1

作り方

① フライパンにごま油、しょうが、にんにく、豆板醤を入れて弱火で加熱する。

② 香りがしてきたらひき肉を加えて炒める。

③ ひき肉の色が変わってきたらAを加えて煮詰める。

Point

■豆板醤の量はお好みで調節してください。

食べるときは

食べるときは電子レンジで温めるのがおすすめです。

02/08

ブロッコリーとうずらのピクルス

野菜
冷蔵 3~4日間
OK

材料（2人分）

- ブロッコリー…1株
- うずらの卵（水煮）…6個
- 〈ピクルス液〉
  - 酢…150mℓ
  - 水…100mℓ
  - 砂糖…大さじ3
  - 塩…小さじ1
  - ローリエ…1枚
  - 赤唐辛子…1本

下ごしらえ

- ブロッコリー≫小房に分ける
- うずらの卵≫汁気を切る
- 赤唐辛子≫種を取り除く

作り方

① 鍋に湯を沸かして塩小さじ½（分量外）を加え、ブロッコリーを1分ほどゆでてザルに上げ、粗熱を取る。

② 小鍋にピクルス液の材料を入れて火にかけ、ひと煮立ちしたら火からおろして粗熱を取る。

③ 保存瓶にブロッコリー、うずらの卵、②を入れてふたをしめ、冷蔵庫で2~3時間ほど漬け込む。

Point

■ブロッコリーは歯ごたえを残すため、サッとゆでるのがポイントです。

■ブロッコリーは冷水に取ると水分を含んで日持ちが悪くなるので、自然にさましましょう。

02/09

豚肉とれんこんの甘辛炒め

30min

材料（2人分）

豚こま切れ肉…300g
塩・こしょう…少々
れんこん…200g
片栗粉…大さじ4
A 砂糖…大さじ3
A しょうゆ…大さじ3
A 酢…大さじ3
サラダ油…適量
白いりごま…適量

下ごしらえ

豚肉≫塩・こしょうをふる
れんこん≫1cm厚さのいちょう切りにし、水にさらす

作り方

① 豚肉とれんこんに片栗粉を大さじ2ずつまぶす。
② フライパンにサラダ油を深さ3cm入れて170℃に熱し、れんこんを揚げ焼きにする。まぶした片栗粉がカリっとしてきたら油を切る。
③ 豚肉を入れて揚げ焼きにし、カリカリになったら油を切る。
④ 別のフライパンにAを入れてひと煮立ちさせる。とろみがついたら②と③を加えて絡め、白いりごまをふる。

肉
冷蔵 4~5日間
OK（電子レンジ）

Point
■豚肉とれんこんをカリカリに揚げると、調味料がよく絡んでおいしく仕上がります。
■煮詰めると酸味が飛ぶので、お酢の量はお好みで調節してくださいね。

02/10

はんぺんと鶏のころころつくね

20min

材料（2人分）

はんぺん…1枚
鶏ひき肉…200g
大葉…3枚
A 塩昆布…10g
A 粉チーズ…小さじ2
A マヨネーズ…大さじ2
A 酒…大さじ1
A しょうが（すりおろし）…小さじ1
片栗粉…適量
サラダ油…大さじ1

作り方

① ビニール袋にはんぺんを入れて揉み込み、細かくする。
② ①にひき肉、大葉をちぎりながら加える。Aを入れ、粘りが出るまでよく揉み込む。
③ 少量を手に取り、丸く成形して片栗粉をまぶす。
④ フライパンにサラダ油を熱し、こんがり焼き目がつくまで全面焼き、ふたをして弱火で3分ほど蒸し焼きにする。

肉
冷蔵 2~3日間
OK（電子レンジ）

Point
■最初にはんぺんだけ揉み込んでから肉だねを入れると、具材が混ざりやすくなります。

02/11

ホタテときのこのアヒージョ風炒め

魚
冷蔵 2~3 日間
OK

材料（2人分）

ベビーホタテ…150g
しめじ…1パック（100g）
ブロッコリー…½株（100g）
にんにく…1片
赤唐辛子（輪切り）…1本分
塩…少々
黒こしょう…少々
オリーブオイル…大さじ3

15min

下ごしらえ

しめじ≫石づきを切り落としてほぐす
ブロッコリー≫小房に分け、耐熱容器に入れたら、水で濡らしたキッチンペーパーをのせ、ふんわりラップをかけて電子レンジ600Wで1分加熱する。
にんにく≫みじん切り

作り方

① フライパンにオリーブオイル、にんにく、赤唐辛子を入れて弱火にかけ、香りが立ったらホタテ、しめじ、ブロッコリーを加えて弱めの中火で5分加熱する。
② 塩、黒こしょうをふってサッと炒め合わせる。

Point
■ブロッコリーは火が通りにくいので電子レンジで加熱しておくことがポイントです。
■焼く際は焦げないように、弱火でじっくりと火を通してくださいね！

02/12

れんこんとじゃこのペペロン炒め

野菜
冷蔵 2~3 日間
OK

材料（2人分）

れんこん…180g
ちりめんじゃこ…15g
にんにく…1片
赤唐辛子（輪切り）…1本分
オリーブオイル…大さじ2
塩・こしょう…少々

15min

下ごしらえ

れんこん≫5㎜厚さのいちょう切りにして、酢水（分量外）に5分さらす
にんにく≫みじん切り

作り方

① フライパンにオリーブオイルを弱火で熱し、にんにくを入れて炒める。
② にんにくの香りが立ったら、れんこん、じゃこ、赤唐辛子を加え、5分ほど中火で炒める。
③ れんこんが透き通ったら、塩・こしょうで味を調える。

Point
■にんにくは焦げやすいため、じっくりと弱火で炒めてください。
■れんこんに水分が多く残っていると、油がはねて危険なので、水気はよく切ってくださいね。

@aya_aya1128

02/13

カリフラワーのカレーピクルス

10min

材料（2人分）

カリフラワー…½株（200g）

〈ピクルス液〉

酢…150㎖

水…100㎖

砂糖…大さじ3

カレー粉…大さじ1

塩…小さじ1

ローリエ…1枚

赤唐辛子…1本

野菜

冷蔵 1週間

OK

下ごしらえ

カリフラワー≫小房に分ける

赤唐辛子≫種を取り除く

作り方

① 鍋に湯を沸かして塩少々（分量外）を加え、カリフラワーを1分ゆでてザルに上げ、粗熱を取る。

② 小鍋にピクルス液の材料を入れて火にかけ、ひと煮立ちしたら火からおろして粗熱を取る。

③ 保存瓶に①、②を入れてふたをしめ、冷蔵庫で2〜3時間ほど漬け込む。

Point

■カリフラワーは歯ごたえを残すために、サッとゆでるのがポイントです。

■冷水に取ると水分を含んで日持ちが悪くなるので自然に冷ましましょう。

■お好みで数種類のスパイスを加えるとさらに風味よく仕上がります。

02/14

ころころ厚揚げのみそ照り焼き

20min

材料（2人分）

厚揚げ…2枚

小ねぎ…15g

白いりごま…大さじ1

A みりん…大さじ2
砂糖…大さじ1
しょうゆ…大さじ2
合わせみそ…大さじ2
にんにく（すりおろし）…小さじ1

サラダ油…小さじ2

その他

冷蔵 2〜3日間

OK

下ごしらえ

厚揚げ≫沸騰した湯に入れ2分煮立てて油抜きをし、1㎝角に切る

小ねぎ≫小口切り

A≫混ぜ合わせる

作り方

① フライパンにサラダ油を熱し、厚揚げを焼く。

① 小ねぎ、白いりごま、Aを加えて混ぜ、煮絡める。

Point

■厚揚げは油抜きをしておくことで味がなじみやすくなります。

02/15

鶏むね肉とれんこんの黒酢炒め

20min

OK
冷蔵 2~3日間
肉

材料（2人分）

鶏むね肉…1枚
酒…小さじ1½
しょうゆ…大さじ½
片栗粉…適量
れんこん…150g
赤パプリカ…¼個
黄パプリカ…¼個
A
　砂糖…大さじ1½
　黒酢…大さじ2½
　しょうゆ…大さじ1½
サラダ油…大さじ3

下ごしらえ

鶏肉≫余分な脂と皮を除き、ひと口大のそぎ切り
れんこん≫1㎝厚さの半月切りにし、酢水（水に対して3％、分量外）にさらす
赤パプリカ、黄パプリカ≫乱切り

作り方

① 鶏肉は酒、しょうゆを加えて揉み込み、5分ほど置いて片栗粉をまぶす。
② フライパンにサラダ油を熱し、鶏肉を入れて両面をこんがりと焼き、一度取り出す。
③ キッチンペーパーでサッと油を拭き取り、れんこんを入れて焼き色をつけ、赤パプリカ、黄パプリカを加えて炒め合わせる。
④ ②を戻し入れてAを加え、煮詰める。

Point

■鶏むね肉はそぎ切りにすると繊維が断ち切られ、やわらかい食感になります。
■なすやピーマンなどお好みの具材を使ってアレンジしても◎。

02/16

手羽先のキムチ煮

肉
冷蔵 2〜3日間
OK

材料（2人分）

鶏手羽先…8本
塩・こしょう…少々
片栗粉…適量
白菜キムチ…100g
ニラ…½束（50g）
A 酒…大さじ2
A しょうゆ…大さじ1
A 合わせみそ…大さじ½
A にんにく（すりおろし）…1片分
水…200㎖
ごま油…大さじ1

下ごしらえ

手羽先≫骨にそって切り込みを入れ、塩・こしょう、片栗粉をまぶす
キムチ≫ざく切り
ニラ≫3㎝長さに切る

作り方

① フライパンにごま油を熱し、手羽先を皮目から並べ入れて両面こんがりと焼く。
② キムチ、A、水を加え、ふたをして弱火で10分煮る。
③ ニラを加え、強火で軽く煮詰める。

Point
■手羽先は切り込みを入れると味が染み込みやすくなります。
■ニラは色よく仕上げるため、最後に加えます。
■キムチの塩分が強い場合は、しょうゆを半量に減らして作ってみてくださいね。

02/17

大根のべったら漬け風

野菜
冷蔵 2〜3日間
OK

材料（作りやすい分量）

大根…1本
砂糖…200g
A 牛乳…60㎖
A 酢…60㎖
A 塩…40g
赤唐辛子…3本

下ごしらえ

大根≫5㎜厚さのいちょう切り

作り方

① ボウルに大根、A、赤唐辛子を入れて、よく混ぜる。
② ラップをして、冷蔵庫で1〜2時間ほど置き、味をなじませる。
③ 取り出したら軽く混ぜ保存容器に移して冷蔵庫で保存する。

Point
■お酢を加えることで、日にちが経ってもパリパリとした食感を楽しむことができます。
■ゆずの皮を入れて作ってもおいしいです。

02/18

ごぼうとまいたけのそぼろきんぴら

材料（2人分）

豚ひき肉…150g
ごぼう…1本
まいたけ…100g
ピーマン…1個
A
- 酒…大さじ1
- みりん…大さじ1
- 砂糖…大さじ½
- しょうゆ…大さじ1½

赤唐辛子（輪切り）…少々
ごま油…大さじ1

15min

野菜

冷蔵 2~3日間

OK

下ごしらえ

ごぼう≫ささがきにし、水にさらす
まいたけ≫手でほぐす
ピーマン≫細切り

作り方

① フライパンにごま油、赤唐辛子を入れて熱し、香りが立ったらひき肉を加えて炒める。色が変わったらごぼう、まいたけ、ピーマンの順に加えて炒める。
② しんなりしてきたらAを加えて水分がなくなるまで炒める。

Point
- ごぼうは少し厚めに切っても食感を楽しめておいしいです。
- にんにくやニラを加えるとご飯にも合います。

02/19

さわらの西京焼き

材料（2人分）

さわら…3切れ
塩…少々
A
- 砂糖…小さじ1
- 酒…大さじ4
- みりん…大さじ1
- 白みそ…150g

20min

魚

冷蔵 2~3日間

OK

下ごしらえ

さわら≫塩をふって10分置いたら、水気を拭き取り、2~3等分に切る
A≫混ぜ合わせる

作り方

① 密閉保存袋にさわら、Aを入れて揉み込み、冷蔵庫で半日以上漬け込む。
② 袋からさわらを取り出し、キッチンペーパーで余分なみそと水気を拭き取る。
③ フライパンにクッキングシートを敷いて熱し、②を並べ入れる。
④ 焼き色がついたら裏返し、ふたをして弱火で5分蒸し焼きにする。

Point
- みそは焦げやすいのでしっかり拭き取ってくださいね。

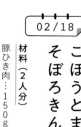

02/20

豚バラ大根のピリ辛しょうが巻き

20min

肉

冷蔵 2~3日間

OK

材料（2人分）

豚バラ肉（薄切り）…10枚（250g）
塩・こしょう…少々
大根…250g
しょうが…80g
小麦粉…適量
A
- 酒…大さじ1
- みりん…大さじ1
- 砂糖…大さじ½
- しょうゆ…大さじ1

サラダ油…大さじ1

下ごしらえ

豚肉≫塩・こしょうをふる
大根≫ピーラーでリボン状にスライスし、軽く水気を拭き取る
しょうが≫せん切り

作り方

① 豚肉を広げ、手前に大根としょうがを10分の1量のせて巻き上げ、全体に小麦粉をまぶす。同じものを10個作る。
② フライパンにサラダ油を熱し、①の巻き終わりを下にして並べ入れ、全体に焼き色がついたら、ふたをして弱火で5分ほど蒸し焼きにする。
③ 火が通ったらAを加え、強火で煮絡める。

Point

■大根はピーラーでスライスすると火の通りも良くなり、巻きやすくなります。
■巻き終わりを下にして焼くことで、肉がはがれずきれいに仕上がります。また、表面に小麦粉をまぶすとたれが絡みやすくなります。

02/21

てりやき豚つくねのしそ巻き

30min

肉

冷蔵 4~5日間

OK

材料（2人分）

豚ひき肉…300g
大葉…8枚
長ねぎ…½本
片栗粉…大さじ1
塩・こしょう…少々
しょうゆ…大さじ2
サラダ油…大さじ1
A
- 酒…大さじ2
- みりん…大さじ2
- 砂糖…大さじ1
- しょうゆ…大さじ2

下ごしらえ

長ねぎ≫みじん切り

作り方

① ボウルにひき肉、長ねぎ、片栗粉、塩・こしょう、しょうゆを入れて粘りが出るまで混ぜ、8分の1量分ずつ丸めて大葉で包む。同じものを8個作る。
② フライパンにサラダ油を熱し、大葉を下にして①を入れる。中火で3分焼いて裏返し、ふたをして弱火で5分蒸し焼きにする。
③ ②にAを加え、汁気がなくなるまで煮絡める。

Point

■たれは、つくねにしっかりと絡むくらいのとろみ具合だとおいしく仕上がります。

15min

02/22

豚バラキャベツのコク旨ごまみそ炒め

肉
冷蔵 2~3日間
OK

材料（2人分）

豚バラ肉（薄切り）…150g
キャベツ…¼個
にんにく（すりおろし）…小さじ½
A
合わせみそ…大さじ2
みりん…大さじ1
砂糖…大さじ½
しょうゆ…大さじ½
白すりごま…大さじ1
ごま油…大さじ½

下ごしらえ

キャベツ≫ざく切り
豚肉≫食べやすい大きさに切る

作り方

① フライパンにごま油を熱し、にんにく、豚肉を入れて火が通るまで炒める。
② キャベツを加えて油がまわるまで炒め、Aを合わせて回しかける。全体に絡んだら白すりごまを加え合わせる。

Point
■にんにくは豚肉と一緒に入れることで油はねしにくくなります。

25min

02/23

厚揚げの磯辺肉巻き

肉
冷蔵 2~3日間
OK

材料（2人分）

厚揚げ…2枚
豚バラ肉（薄切り）…8枚（170g）
塩・こしょう…少々
焼きのり…適量
片栗粉…適量
A
しょうが（すりおろし）…小さじ1
砂糖…小さじ½
焼肉のたれ…大さじ3
コチュジャン…小さじ1
サラダ油…大さじ1

下ごしらえ

厚揚げ≫1枚を4等分にする
豚肉≫塩・こしょうをふる
焼きのり≫厚揚げの大きさに合わせて切る

作り方

① 厚揚げに焼きのり、豚肉を巻き付けて、片栗粉をまぶす。
② フライパンにサラダ油を熱し、①を焼き目がつくまで転がしながら焼く。
③ フライパンの余分な油をキッチンペーパーで拭き取り、Aを入れて全体に絡める。お好みで小口ねぎを散らす。

Point
■こんがりと焼き色をつけると、香ばしい肉巻きに仕上がります。

02/24

鶏肉とれんこんのケチャップ煮

20min　OK　冷蔵 3~4日間　肉

材料（2人分）

鶏もも肉…2枚（450g）
塩・こしょう…少々
小麦粉…適量
れんこん…200g
にんにく…2片
オリーブオイル…大さじ1

A
酒…大さじ3
ケチャップ…大さじ5
塩・こしょう…少々
コンソメ…小さじ1
水…100㎖

しょうゆ…大さじ1

下ごしらえ

鶏肉≫ひと口大に切り、塩・こしょう、小麦粉をまぶす
れんこん≫密閉保存袋に入れ、めん棒でたたいてひと口大にする
にんにく≫みじん切り

作り方

① フライパンにオリーブオイルを熱し、にんにくを入れて弱火で炒める。香りが立ったら鶏肉を皮目から入れて両面を焼く。
② れんこんを加えて炒め合わせ、油がまわったらAを加えてふたをし、弱めの中火で5分煮込む。
③ ふたを開けて水分を飛ばし、仕上げにしょうゆを加えてひと煮立ちさせる。

Point

- れんこんは包丁で切らずにたたくと繊維が潰れ、味の絡みがよくなります。
- れんこんの変色が気になる場合は5分程度水にさらしてください。
- 最後にしょうゆを加えることで味が引き締まり、ご飯にもよく合うおかずになります。

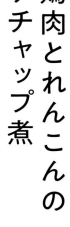

02/25

れんこんの明太マヨあえ

野菜
冷蔵 2〜3日間
OK

材料（2人分）
れんこん…150g
明太子…1本
マヨネーズ…大さじ2
しょうゆ…小さじ½

下ごしらえ
れんこん≫2㎜厚さのいちょう切りにして水にさらす
明太子≫薄皮から取り出し、ほぐす

作り方
① 沸騰した湯にれんこんを入れ、1分30秒ゆでてザルに上げ、キッチンペーパーで水気を拭き取る。
② ボウルに①、明太子、マヨネーズ、しょうゆを入れてよくあえる。お好みで万能ねぎを散らす。

Point
■しょうゆの量はお好みで調節して作ってみてくださいね。

02/26

もやしとささみのピリ辛ナムル

野菜
冷蔵 2〜3日間
OK

材料（2人分）
豆もやし…2袋（400g）
鶏ささみ…3本
塩・こしょう…少々
酒…大さじ1
A
みそ…大さじ½
めんつゆ（3倍濃縮）…大さじ1
豆板醤…小さじ2
鶏ガラスープの素…小さじ1
にんにく（すりおろし）…小さじ½
ごま油…大さじ1
白いりごま…適量

下ごしらえ
鶏ささみ≫筋を取り除き、塩・こしょうをふる

作り方
① 耐熱容器に洗った豆もやしを入れ、ふんわりとラップをかけて電子レンジ600Wで3分30秒加熱する。粗熱が取れたらキッチンペーパーで水気を取る。
② 別の耐熱容器に鶏ささみを入れ、酒をふって電子レンジで2分加熱する。
③ ボウルにAを入れて混ぜ、①の豆もやし、②の鶏ささみを手でほぐしながら入れてよくあえる。最後に白いりごまをふる。

Point
■ふつうのもやしでも作れますが、豆もやしを使うとシャキシャキとした食感が楽しめます。
■隠し味にみそを加えることでコクのあるナムルに仕上がります。

20min

02/27

ちぎり厚揚げと豚バラ肉のピリ辛炒め

肉
冷蔵 2~3日間
OK

材料（2人分）

厚揚げ…1枚（200g）
豚バラ肉（薄切り）…150g
塩・こしょう…少々
ごま油…大さじ1
唐辛子（輪切り）…少々
卵…2個
A 砂糖…小さじ2
A みりん…大さじ1
A しょうゆ…大さじ2

下ごしらえ

厚揚げ≫油抜きする
豚肉≫3cm幅に切り、塩・こしょうをふる
卵≫溶きほぐす

作り方

① フライパンにごま油を熱し、赤唐辛子、豚肉を炒める。
② 豚肉の色が変わったらいったん火を止め、厚揚げをひと口大にちぎって加え、火を点けてさらに炒める。
③ 豚肉と厚揚げを端に寄せ、空いたスペースに溶き卵を流し入れて軽く炒め、混ぜ合わせる。
④ Aを加え、全体をざっと混ぜ合わせる。お好みで万能ねぎを散らす。

Point
■厚揚げは包丁で切るよりも手でちぎる方が断面が粗くなり、表面積も大きくなるので味が染み込みやすくなります。

20min

02/28

いちごバター

デザート
冷蔵 3日間

材料（作りやすい分量）

いちご…100g
砂糖…50g
バター（無塩）…100g

下ごしらえ

いちご≫ヘタを取り、細かく切る
バター≫常温に戻す

作り方

① 耐熱ボウルにいちごを入れ、砂糖を加えて軽く混ぜ、ふんわりとラップをかけて電子レンジ600Wで3分加熱する。
② ①を混ぜ合わせて、再度ラップをかけ、電子レンジで2分加熱し、粗熱を取る。
③ バターが白くなるまでホイッパーで泡立てて、②を少しずつ加えて混ぜる。

Point
■バターは白っぽくなるまでしっかり混ぜるとなめらかな食感になりますよ。

Column 5

保存容器を正しく選ぼう

作りおきおかずの特徴によって保存容器を使い分けると、
より作りおきがラクちんになります。
それぞれの保存容器の特徴を知って、快適な作りおき生活を送りましょう。

ホーロー容器

直火	オーブン	IH	冷凍	電子レンジ
OK	OK	OK	OK	NG

こんなおかずにおすすめ

- カレーなど匂いの強いおかず
- トマト煮込みなど色が移りやすいおかず
- 酢に強いので酢を使ったおかず（ピクルスなど）
- オーブンにそのまま入れられるので、グラタンなどのおかず
- 洗う際に油切れがよいので、オイル漬けのおかず

メリット

- おかずの色や匂いが移りにくい
- 直火で調理することができる
- 熱が伝わりやすい
- 頑丈で割れにくい
- 酸・塩分に強い

デメリット

- 電子レンジでは使用できない
- 表面のガラス質が傷つくとサビが発生するので、優しい取り扱いが必要

ガラス容器

電子レンジ OK　オーブン OK　オーブントースター OK　直火 NG　冷凍 NG

こんなおかずにおすすめ

- 中身の見分けがつきやすいのでタレ系のもの
- カレーなど匂いの強いおかず
- トマト煮込みなど色が移りやすいおかず
- 酢に強いので酢を使ったおかず（ピクルスなど）
- オーブンにそのまま入れられるので、グラタンなどのおかず
- 洗う際に油切れがよいので、オイル漬けのおかず

メリット

- 中身がひと目でわかる
- 匂い移りしづらい
- 電子レンジも使用できる
- 密閉できるものもある

デメリット

- 直火には使用できない
- 急な温度変化に弱い
- 割れることもあるので、取り扱いには注意

プラスチック容器（密閉保存袋）

電子レンジ OK　冷凍 OK　オーブン NG　直火 NG

こんなおかずにおすすめ

- 下味冷凍のおかず
- お弁当のおかずや混ぜご飯の素など、1食ごとに小分けで保存しておきたいもの
- 電子レンジで温めたいおかず

メリット

- 冷蔵庫から取り出してそのまま電子レンジで温められる
- 使わないときは重ねて保管できるので省スペースに
- 安価でバリエーションが豊富

デメリット

- 色や匂いが移りやすい
- 油分が多いものを入れて温めると溶けることがある

03/01

切り干し大根と豚キムチのピリ辛炒め

15min

OK 冷蔵 2~3日間 肉

材料（2人分）

豚バラ肉（薄切り）…200g
塩・こしょう…少々
切り干し大根…50g
白菜キムチ…150g
ニラ…1/3束
ごま油…大さじ1

下ごしらえ

豚肉》3cm幅に切り、塩・こしょうをふる
切り干し大根》サッと水洗いして、かぶるくらいの水に20~30分浸けてもどし、食べやすい長さに切る
キムチ》小さめに切る
ニラ》4cm長さに切る

作り方

① フライパンにごま油を熱し、豚肉を入れて炒める。豚肉の色が変わったら切り干し大根を加えてさらに炒める。
② キムチ、ニラを加えて水分を飛ばすように強火で炒め合わせる。

Point

■切り干し大根はたっぷりの水でしっかりと戻してください。
■お好みで豆板醤を加えてもコクと辛味が出ます。

03/02

れんこん鶏つくね

肉

冷蔵 4～5日間

OK

材料（2人分）

れんこん…200g
鶏ひき肉…300g
しょうが…1片
塩…小さじ$\frac{1}{3}$
片栗粉…大さじ1
ごま油…大さじ1
酒…大さじ1
A みりん…大さじ2
A 砂糖…大さじ1
A しょうゆ…大さじ2

下ごしらえ

れんこん≫半量を薄く輪切り。残りは袋に入れてめん棒でたたく
しょうが≫みじん切り

作り方

① ボウルにたたいたれんこん、ひき肉、しょうが、塩、片栗粉を入れて粘りが出るまでよく混ぜる。
② ①を平らな円形に整えて、薄切りしたれんこんを片面に貼る。
③ フライパンにごま油を熱し、②をれんこんの面を下にして並べ入れ、中火で焼く。こんがりと焼き色がついたら裏返し、酒を加えてふたをし、弱めの中火で5分蒸し焼きにする。
④ ふたを取ってAを加え、照りが出るまで煮絡める。

Point

■肉だねは粘りが出るまでよく混ぜるとジューシーなつくねに。
■れんこんは、片栗粉を薄くまぶしてから肉だねに貼りつけると、焼くときにはがれにくくなります。

03/03

新玉ねぎドレッシング

その他

冷蔵 3～4日間

材料（作りやすい分量）

新玉ねぎ…1個（150g）
砂糖…大さじ1 $\frac{1}{2}$
塩…小さじ1
A みりん…50mℓ
A 酢…100mℓ
A しょうゆ…50mℓ
A サラダ油…50mℓ

下ごしらえ

みりん≫耐熱容器に入れ、電子レンジ600Wで30秒加熱し、アルコールを飛ばし粗熱を取る

作り方

① 新玉ねぎを縦半分に切り、繊維を断ち切るようにスライサーでスライスする。
② ボウルに、玉ねぎ、Aを入れて混ぜ合わせる。保存容器に移し、冷蔵庫で1晩寝かせる。

Point

■新玉ねぎは辛味成分が少ないため、水にさらさなくても大丈夫です。
■サラダ油の代わりに、オリーブオイルやごま油でもおいしく作れます。

⏱20min

03/04

れんこんときのこのマスタードマリネ

きのこ

冷蔵 2~3日間

OK

材料（2人分）

れんこん…150g
エリンギ…1パック（100g）
しめじ…1パック（100g）
オリーブオイル…大さじ3
はちみつ…大さじ1
塩…小さじ½
A
酢…大さじ1
しょうゆ…大さじ1
オイスターソース…大さじ1
粒マスタード…大さじ2

下ごしらえ

れんこん≫薄めの乱切りにし、酢水（分量外）にさらす
エリンギ≫太めの短冊切り
しめじ≫石づきを切り落としてほぐす

作り方

① フライパンにオリーブオイル大さじ1½を弱めの中火で熱し、エリンギ、しめじを入れる。かき混ぜずに、1~2度裏返すように香ばしく炒める。
② Aを混ぜ合わせて加え、一度取り出す。
③ フライパンに残りのオリーブオイルを弱めの中火で熱し、れんこんを炒める。1~2度裏返すように炒め、②を戻し入れて混ぜ合わせる。

Point
■水分が出るのを防ぐため、具材はあまりかき混ぜずに炒めるのがポイントです。
■れんこんを下ゆでしたじゃがいもやさつまいもに代えてもOK。

@hana.hana.bee

⏱15min

03/05

こんにゃくのコチュジャン煮込み

その他

冷蔵 2~3日間

OK

材料（2人分）

こんにゃく…1枚（350g）
砂糖…小さじ1
みりん…大さじ1
A
焼肉のたれ…大さじ2
にんにく（すりおろし）…小さじ½
コチュジャン…大さじ1
ごま油…小さじ1

下ごしらえ

こんにゃく≫両面に格子状に切り込みを入れる。横半分に切ったあと、1cm幅に切る

作り方

① ボウルにこんにゃくを入れ、砂糖をかけて揉み込み5分置いて水分が出たらキッチンペーパーで拭き取る。
② フライパンにごま油を熱し①を炒める。
③ Aを入れて煮詰める。お好みで白いりごま、糸唐辛子をトッピングする。

Point
■こんにゃくに砂糖をまぶしてから置いておくと水分が出て味が染み込みやすくなります。
■こんにゃくの水分はしっかりと拭き取ってください。

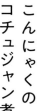

03/06

ごぼうとひじきの万能炒め

15min

材料（2人分）

ごぼう…1本（150g）
にんじん…1/2本（75g）
芽ひじき（乾燥）…5g
ごま油…大さじ1
A
酒…大さじ2
みりん…大さじ2
砂糖…大さじ1
しょうゆ…大さじ2
塩・こしょう…少々
しょうが（すりおろし）…1片分

野菜
冷蔵 2~3日間
OK

下ごしらえ

ごぼう≫斜め薄切りにし、水に10分ほどさらす
にんじん≫4cm長さの細切り
芽ひじき≫たっぷりの水で戻して水気を切る
A≫混ぜ合わせる

作り方

① フライパンにごま油を熱し、ごぼうを炒める。やわらかくなったらにんじん、ひじきを加えて炒め合わせる。
② Aを加え、汁気がなくなるまで強火で煮絡める。

Point
■ごぼうが太い場合は、縦半分に切ってから斜め薄切りにしてください。

03/07

麻婆豆腐の素

10min

材料（4食分）

豚ひき肉…400g
にんにく…1片
しょうが…1片
A
しょうゆ…大さじ1
オイスターソース…大さじ2
みそ…大さじ2 1/2
豆板醤…大さじ1

下ごしらえ

にんにく、しょうが≫みじん切り

肉
冷凍 2週間

作り方

① 保存袋にひき肉、にんにく、しょうが、Aを入れ、袋の上からよく揉んで混ぜる。
② 空気を抜きながら平らにし、口を閉じる。2等分になるよう筋を付けて冷凍庫で保存する。

食べるときは
凍ったままフライパンに半量（2人分）を入れ、酒大さじ1をふり、ふたをして中火で2分蒸し焼きにします。次に、ふたをあけて中火で炒め、肉の色が変わったらみじん切りにした長ねぎ、鶏ガラスープ150㎖を加えます。煮立ったらさいの目に切った豆腐を加えて混ぜ、中火で3分煮込みます。一度火を弱めて水溶き片栗粉を加え、とろみが付くまで加熱して、お好みで糸唐辛子をトッピングする。

03/08

豚バラと厚揚げのピリ辛炒め煮

20min

OK（電子レンジ）　冷蔵 2~3日間　肉

材料（2人分）

豚バラ肉（薄切り）…100g
厚揚げ…1枚（150g）
ニラ…½束（50g）
しょうが…1片
塩・こしょう…少々
水…100㎖
酒…小さじ1
A
酒…大さじ1
みりん…大さじ1
しょうゆ…大さじ1
砂糖…大さじ1
豆板醤…小さじ1
サラダ油…小さじ1

下ごしらえ

豚肉≫3㎝幅に切り、塩・こしょうをふる
厚揚げ≫熱湯をかけて油抜きし、水気を拭き取る。ひと口大に切る
ニラ≫3㎝長さに切る
しょうが≫みじん切り

作り方

① フライパンにサラダ油、しょうがを入れて熱し、香りが立ったら豚肉を加えてこんがりと焼く。
② 厚揚げを加えて全体を焼きつけ、水、酒、Aを加えて水分を飛ばしながら炒め煮にする。
③ ニラを加え、強火で照りが出るまで煮詰める。お好みで白いりごま、糸唐辛子をトッピングする。

Point

■豚肉と厚揚げはしっかり焼き色をつけて香ばしく仕上げてくださいね。
■ニラは加熱しすぎると色が悪くなってしまうので最後に加えましょう。

03/09

長ねぎと豚肉のコチュジャン炒め

肉
冷蔵 2~3日間
OK

15min

材料（2人分）

豚バラ肉（ブロック）…300g
長ねぎ…1本
コチュジャン…大さじ1

A
酒…大さじ1
みりん…大さじ1
砂糖…小さじ2
しょうゆ…大さじ1
にんにく（すりおろし）…1片分

塩・こしょう…少々
ごま油…大さじ1

下ごしらえ

豚肉≫1cm厚さに切る
長ねぎ≫斜め5mm幅に切る
A≫混ぜ合わせる

作り方

① フライパンにごま油を熱し、豚肉を入れ、塩・こしょうをふりこんがりと焼く。
② 長ねぎを加えて炒め、しんなりしたらAを加えて炒め合わせる。
③ 強火で水分を飛ばし、全体に絡める。

Point
■豚バラ肉はカリッと香ばしく焼くのがポイントです。
■脂が気になる場合はキッチンペーパーで拭き取ってください。
■しっかりした味付けなのでどんぶりにするのもおすすめです。

03/10

エリンギのピリ辛メンマ風

きのこ
冷蔵 2~3日間
OK

10min

材料（2人分）

エリンギ…2パック

A
にんにく（すりおろし）…小さじ1/2
砂糖…大さじ1/2
鶏ガラスープの素…小さじ1/3
しょうゆ…大さじ1
ごま油…大さじ1
ラー油…大さじ1/2
赤唐辛子（輪切り）…1本分

下ごしらえ

エリンギ≫縦半分に切り、薄切り

作り方

① エリンギをフライパンに入れて水分が飛ぶまで乾煎りする。
② ボウルに移し、Aを加えて混ぜ粗熱を取る。清潔な保存容器に移して冷蔵庫で20分ほど冷やす。

Point
■熱いうちに調味液と合わせると味がよくなじみます。
■エリンギを乾煎りすることで香りが引き立ちます。

03/11

鶏もも肉とピーマンの甘辛カレー炒め

肉

冷蔵 2~3日間

OK

15min

材料(2人分)

- 鶏もも肉…1枚(250g)
- 塩・こしょう…少々
- カレー粉…小さじ2
- 片栗粉…小さじ1
- ピーマン…4個
- 白いりごま…小さじ1
- サラダ油…大さじ1
- A 酒…大さじ1
- A 砂糖…大さじ1
- A しょうゆ…大さじ1 1/2

下ごしらえ

鶏肉≫余分な脂と筋を取り除き、大きめのひと口大に切ったら、塩・こしょう、カレー粉、片栗粉を揉み込む

ピーマン≫ひと口大の乱切り

作り方

① フライパンにサラダ油を熱し、鶏肉を皮目から並べ入れて両面をこんがりと焼く。

② 火が通ったらピーマンを加えてサッと炒める。全体に油がまわったらAを加え、強火で煮絡める。

③ 白いりごまをふる。

Point

■ケチャップを加えるとマイルドになるのでお子さまにもおすすめです。

03/12

ピリ辛肉巻き新たま

肉

冷蔵 2~3日間

OK

20min

材料(2人分)

- 豚バラ肉(薄切り)…8枚
- 新玉ねぎ…1個
- 塩・こしょう…少々
- 片栗粉…適量
- A コチュジャン…大さじ1
- A 砂糖…小さじ1
- A にんにく(すりおろし)…小さじ1/2
- A 焼肉のたれ…大さじ2
- 酒…大さじ1
- ごま油…大さじ1

〈トッピング〉

- 糸唐辛子…適量
- 大葉…適量

下ごしらえ

豚肉≫塩・こしょうをふる

新玉ねぎ≫8等分のくし形切り

大葉≫せん切り

作り方

① 豚肉を新玉ねぎに巻き付けて、ぎゅっとにぎる。同じものを8つ作り、片栗粉をふる。

② フライパンにごま油を熱し、①を並べ入れる。

③ 全面に焼き色がついたら余分な油を拭き取る。酒を加えてふたをして3分蒸し焼きにする。

④ ふたを開け、Aを加えて煮詰める。仕上げに糸唐辛子、せん切りにした大葉を飾る。

Point

■新玉ねぎではなく玉ねぎで代用も可能です。

03/13

セロリのきんぴら

野菜

冷蔵 2〜3日間

OK

材料（2人分）

セロリ…1本（100g）
にんじん…½本（75g）
ごま油…大さじ1
白いりごま…大さじ1
A 酒…大さじ1
みりん…大さじ1
砂糖…小さじ1
しょうゆ…小さじ2
赤唐辛子（輪切り）…1本分

下ごしらえ

セロリ≫根元を落として筋を取る。茎は5㎝長さの細切りにし、葉は粗く刻む
にんじん≫5㎝長さの細切り
A≫混ぜ合わせる

作り方

① フライパンにごま油を熱し、セロリの茎とにんじんを炒める。
② 油がまわったらAを加えて水分がなくなるまで炒める。
③ セロリの葉を加えてサッと炒め合わせ、白いりごまをふる。

Point

■セロリはシャキッとした食感を残すために、強火でサッと炒めるのがおすすめ。
■葉は仕上げに加えると色よく仕上がります。
■オリーブオイルで炒めて洋風にアレンジしても。

03/14

簡単すぎるさっぱり味玉

その他

冷蔵 3〜4日間

OK

材料（6個分）

卵…6個
砂糖…大さじ½
しょうゆ…大さじ3
酢…大さじ2

下ごしらえ

卵≫冷蔵庫から出し、常温に戻す

作り方

① 鍋に湯を沸かし、卵をおたまでそっと入れ、ときどき転がしながら強火で7分ゆでる。
② ①を冷水に取って3分置き、殻をむく。
③ 密閉保存袋に②を入れ、砂糖、しょうゆ、酢を入れて軽く揉む。砂糖が溶けたら空気を抜いて口を閉じ、冷蔵庫で2時間置く。

Point

■ゆでたあとはすぐ冷水に取ると、急激な温度変化により殻と白身の間にすき間ができ、つるりと気持ちよく殻がむけます。

03/15

はんぺんとブロッコリーのカレーマヨ炒め

野菜

冷蔵 2~3日間

OK

材料（2人分）

はんぺん…2枚（200g）
ブロッコリー…½株（100g）
サラダ油…大さじ1
A
マヨネーズ…大さじ2
カレー粉…小さじ2
ウスターソース…小さじ2
塩・こしょう…少々

下ごしらえ

はんぺん≫格子状に9等分
ブロッコリー≫小房に分けて耐熱容器に入れ、ふんわりラップをかけて電子レンジ600Wで2分加熱する
A≫混ぜ合わせる

作り方

① フライパンにサラダ油を熱し、はんぺんを並べ入れて両面こんがりと焼く。
② ブロッコリーを加えてサッと炒める。全体に油がまわったらAを加え、全体に絡める。

Point
■サラダ油をバターにかえて炒めるとコクが増します。

03/16

手作り塩昆布

ご飯

冷蔵 4~5日間

OK

材料（2人分）

昆布（だしがら）…200g
A
みりん…大さじ1
砂糖…大さじ1
しょうゆ…大さじ2
酢…大さじ1½
塩…小さじ1
砂糖…小さじ1

下ごしらえ

昆布≫細めのせん切り

作り方

① 昆布とAをフライパンに入れ、汁気がなくなるまで炒める。
② クッキングシートを敷いた耐熱皿に①を平らに広げ、電子レンジ600Wで10分加熱し、水分を飛ばし、粗熱を取る。
③ ビニール袋に塩、砂糖、②を入れてよくふる。

Point
■電子レンジで加熱する際は途中で一度取り出し、混ぜてから再度加熱すると、まんべんなく水分が飛びますよ。
■昆布は細めに切るとカリッとした食感に仕上がります。

20min

03/17

鶏むね肉のマーマレード酢豚

肉
冷蔵 2~3日間
OK

材料（2人分）

- 鶏むね肉…1枚（300g）
- 酒…大さじ1
- しょうゆ…大さじ1
- 片栗粉…適量
- うずらの卵（水煮）…6個
- 玉ねぎ…1/2個
- 赤パプリカ…1/3個
- ピーマン…1個
- サラダ油…適量
- A
  - マーマレード…大さじ2
  - ポン酢…大さじ2
  - ケチャップ…大さじ1 1/2

下ごしらえ

鶏肉≫フォークで刺してからひと口大に切る
玉ねぎ≫1cm厚さのくし形切り
パプリカ、ピーマン≫乱切り
A≫混ぜ合わせる

作り方

① 鶏肉に酒、しょうゆを加えて揉み込み10分ほど置いたら、片栗粉をまぶす。
② フライパンにサラダ油を深さ1cmほど入れて170℃に熱し、①を揚げ焼きにする。表面がカリッとしたら油を切り、バットに移す。
③ フライパンの余分な油をキッチンペーパーで拭き取り、うずらの卵、玉ねぎを入れて炒め、玉ねぎが透き通ってきたらパプリカ、ピーマンを加えてサッと炒め合わせる。
④ 全体に油がまわったら②を戻し入れ、Aを加えて全体に煮絡める。

10min

03/18

とろろ昆布のなめたけ風

ご飯
冷蔵 2~3日間
OK

材料（2人分）

- えのきだけ…1袋（200g）
- とろろ昆布…15g
- かつおぶし…1パック（3g）
- A
  - 酒…大さじ3
  - みりん…大さじ3
  - しょうゆ…大さじ3

下ごしらえ

えのき≫根元を切り落とし、長さを3等分に切ってほぐす

作り方

① 鍋にえのき、Aを入れて火にかける。煮立ったらアクを取り除く。
② とろろ昆布、かつおぶしを加えて混ぜ合わせる。

Point

■仕上げにとろろ昆布を加えてとろみを付けるのがポイントです。
■焦げないようにときどきかき混ぜてくださいね。
■ご飯や豆腐にのせるほか、お好みでアレンジしてお召し上がりください。

03/19

鶏とじゃがいものスパイシー照り焼き

20min

OK

冷蔵 2〜3日間

肉

材料（2人分）

鶏もも肉…1枚（250g）
塩・こしょう…少々
じゃがいも…2個（300g）
長ねぎ…1本
A 酒…大さじ2
A 砂糖…大さじ2
A しょうゆ…大さじ1
七味唐辛子…適量
サラダ油…大さじ1

下ごしらえ

鶏肉 » 余分な筋と脂を取り除き、大きめのひと口大にカットしたら塩・こしょうをふる
じゃがいも » ひと口大に切り、水にさらす
長ねぎ » 4㎝長さのぶつ切り

作り方

① 耐熱ボウルにじゃがいもを入れ、ふんわりラップをかけて電子レンジ600Wで4〜5分加熱する。
② フライパンにサラダ油を熱し、鶏肉を皮目から並べ入れて両面こんがりと焼く。
③ 長ねぎを加えて転がしながら焼き色をつけ、じゃがいもを加えてサッと炒める。
④ Aを加え、全体に煮絡める。

Point
■鶏肉は皮目からパリッと香ばしく焼き付けるのがポイントです。
■じゃがいもは電子レンジで加熱すると時短になります。

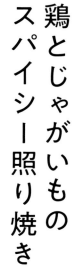

⏱10min

03/20

キャベツのガーリックピクルス

材料（2人分）

キャベツ…1/4玉（250g）

A
- 酢…150mℓ
- 水…100mℓ
- 砂糖…大さじ3
- 塩…小さじ1

にんにく…3片
赤唐辛子（輪切り）…1本分
ローリエ…1枚

下ごしらえ

キャベツ≫ざく切り
にんにく≫5mm厚さの輪切り

作り方

① 鍋に湯を沸かして塩（分量外）を加え、キャベツをサッとゆでる。ザルに上げて水気を切り、粗熱を取る。

② 小鍋にAを入れて火にかけ、ひと煮立ちしたら火からおろして粗熱を取る。

③ 保存瓶に①と②を入れてふたをしめ、冷蔵庫で2〜3時間ほど漬け込む。

Point
- キャベツを塩ゆでするときは水の量の1〜2%の塩を加えてください。
- ゆでたあとにしっかりと水気を絞ると、ピクルス液がよく染み込みます。
- にんにくの半量をすりおろすと香りがさらに引き立ちます。

野菜

冷蔵 3〜4日間

⏱20min

03/21

のりっこお豆腐チキンナゲット

材料（2人分）

鶏ひき肉…300g
木綿豆腐…200g
片栗粉…大さじ2

A
- 塩・こしょう…少々
- 砂糖…小さじ1
- しょうゆ…大さじ1
- だしの素…小さじ1

焼きのり…全形1枚
サラダ油…適量

下ごしらえ

木綿豆腐≫キッチンペーパーで二重に包んで電子レンジ600Wで2分加熱し、15分重しをのせて水を切る
焼きのり≫10等分にカットする

作り方

① ボウルにひき肉、豆腐、片栗粉、Aを入れ、粘りが出るまでよく混ぜる。

② ①を10等分にしてそれぞれ小さな円形に成形し、焼きのりを巻く。

③ フライパンに油を深さ1cm入れて170℃に熱し、②を入れて両面3分ずつ揚げ焼きにして油を切る。

Point
- お好みで鶏ひき肉の代わりに鶏むね肉をたたいたものを使うと、食べごたえのある食感になります。
- 肉だねは粘りが出るまでよく混ぜ、ふわふわ食感のナゲットに仕上げてくださいね。

肉

冷蔵 2〜3日間

OK

03/22

キムチ春雨

10min

材料（2人分）

春雨…80g
白菜キムチ…200g
きゅうり…1本
A
鶏ガラスープの素…小さじ1
ごま油…大さじ1
砂糖…小さじ1
白いりごま…大さじ2

下ごしらえ

キムチ≫細かく刻む
きゅうり≫せん切り

野菜
冷蔵 2~3日間

作り方

① 耐熱容器に春雨とひたひたになる程度の水を入れ、ラップをかけ電子レンジ600Wで6分加熱し、水気を切る。
② ボウルに①、キムチ、きゅうり、Aを入れてよく和える。

Point
■今回はカット春雨を使用しています。長い春雨を使う場合は食べやすい大きさに切ってくださいね。

03/23

きのこのしょうゆ漬け

10min

材料（2人分）

えのきだけ…1パック（200g）
しめじ…1パック（100g）
しいたけ…4枚
だし汁…100㎖
（だしの素…少々
水…100㎖）
A
酒…大さじ3
みりん…大さじ3
しょうゆ…大さじ3
塩…小さじ½

下ごしらえ

えのき、しめじ≫石づきを切り落としてほぐす
しいたけ≫石づきを切り落として5㎜厚さの薄切り

ご飯
冷蔵 4~5日間
OK

作り方

① 鍋にだし汁、Aを入れて中火にかけ、ひと煮立ちしたらきのこ類を加えて5分ほど煮る。
② 火からおろして粗熱を取る。

Point
■きのこは3種類以上合わせるとうま味が増します。

食べるときは
ごはんに混ぜるだけでかんたんきのこごはんに。そのときは味にムラが出ないように温かいごはんを用意してくださいね。

03/24

白菜とツナのうま塩ナムル

材料（2人分）

白菜…500g
ツナ缶…1缶（70g）
A ごま油…大さじ½
A しょうゆ…小さじ1
A だしの素…小さじ1
塩…少々

野菜
冷蔵 2〜3日間
OK

下ごしらえ

白菜≫ひと口大に切る
ツナ缶≫油を切る

作り方

① 白菜を耐熱ボウルに入れ、ふんわりとラップをかけて電子レンジ600Wで3〜5分加熱する。粗熱が取れたら、絞って水気を切る。
② 別のボウルに①とツナを入れる。
③ Aを入れてよく混ぜ、5分ほど置いてなじませる。

Point
■電子レンジ加熱後は白菜が熱いため、火傷しないようにしっかりと粗熱を取ってから水分を絞ってください。

@ayaka_t0911

03/25

鶏肉と大根のマスタード煮

材料（2人分）

鶏もも肉…1枚（250g）
大根…⅓本（300g）
塩・こしょう…少々
サラダ油…大さじ1
A 酒…大さじ2
A みりん…大さじ2
A 砂糖…大さじ1
A しょうゆ…大さじ2
水…200㎖
粒マスタード…大さじ1½

肉
冷蔵 3〜4日間
OK

下ごしらえ

鶏肉≫余分な筋と皮を取り除き、ひと口大に切って塩・こしょうをふる
大根≫1.5㎝厚さのいちょう切り

作り方

① 耐熱ボウルに大根を入れ、ふんわりラップをかけて電子レンジ600Wで6分加熱する。
② フライパンにサラダ油を熱し、鶏肉を両面焼く。
③ 鶏肉に焼き色がついたら、大根、A、水を加え、ときどき混ぜながら10分煮詰める。
④ 煮汁が少なくなったら粒マスタードを加えて絡め、お好みで小口ねぎを散らす。

Point
■大根は皮のまわりに苦味があるので、やや厚めに皮をむくのがおすすめです。
■下ゆでする代わりに電子レンジで加熱すると、短時間で柔らかく、しっかり味が染み込みます。

03/26

大葉のブラックペッパー漬け

野菜　冷蔵 2〜3日間　OK

材料（2人分）

大葉…10枚
A しょうが（すりおろし）…小さじ½
A にんにく（すりおろし）…小さじ½
A 砂糖…小さじ½
A 粗びき黒こしょう…小さじ⅓
A めんつゆ（3倍濃縮）…大さじ2
A 水…大さじ1
A ごま油…小さじ1

下ごしらえ

大葉≫茎を切り落とす
A≫混ぜ合わせる

作り方

① 大葉の水気をしっかり取る。
② Aに大葉をひたし、保存容器に入れたら、さらに上からAをかける。残りも同じように繰り返す。
③ ラップをかけて密着させ、冷蔵庫で半日〜1日漬ける。

Point
■漬けるときにラップを落としぶたのように密着させることで、味がなじみやすくなります。

03/27

鶏肉ともやしのバンバンジーサラダ

肉　冷蔵 2〜3日間　OK

材料（2人分）

鶏むね肉…1枚（250g）
砂糖…小さじ½
塩…小さじ½
酒…大さじ1
もやし…2袋（400g）
さやいんげん…6本（40g）
A マヨネーズ…大さじ3
A 白すりごま…大さじ3
A 砂糖…小さじ2
A しょうゆ…小さじ2
A 豆板醤…小さじ1

下ごしらえ

もやし≫電子レンジ600Wで3分加熱し、水気を切る
さやいんげん≫ヘタと筋を取り除き、電子レンジで40秒加熱する

作り方

① 鶏肉をフォークで数か所穴を開け、砂糖と塩をよくすり込み、耐熱容器に入れる。
② ①に酒をふってふんわりとラップをかけ、電子レンジで2分加熱する。一度取り出して裏返し、再びラップをかけて電子レンジで1分加熱する。そのまま10分置き、粗熱を取りながら余熱で中まで火を通す。
③ ボウルに②をほぐし入れ、もやし、いんげんを加える。Aを入れてよくあえる。

Point
■鶏むね肉は、余熱で火を通すと、しっとりやわらかな食感に。
■野菜の水気はしっかり切って調味料とあえると、水分で味がボケずにおいしく仕上がりますよ。

03/28

野菜たっぷりドライカレーの素

20min

OK

冷凍 2週間

ご飯

材料（4食分）

合いびき肉…600g
玉ねぎ…1個
にんじん…½本
ピーマン…4個
ケチャップ…大さじ3
中濃ソース…大さじ3
A コンソメ…大さじ1
カレー粉…大さじ3
塩・こしょう…少々
にんにく(すりおろし)…小さじ2

下ごしらえ

玉ねぎ、にんじん、ピーマン≫みじん切り

作り方

① 密閉保存袋にひき肉、玉ねぎ、にんじん、ピーマン、にんにく、Aを入れて菜箸でよく混ぜる。
② 袋を平らにならして空気を抜きながら閉め、半分に折って冷凍庫で保存する。

Point

■ひき肉と調味料を混ぜ合わせるときは、菜箸やスプーンを使って袋の底のほうまでしっかりと混ぜ合わせてください。
■炒めるときは、ヘラで全体をほぐしたあと、強火で一気に水分を飛ばすとお肉がかたくなるのを防げます。

食べるときは

冷凍庫から出し、サラダ油を熱したフライパンに凍ったまま入れ（半量で2人分）、ふたをして5分蒸らします。ほぐしながら強火で炒めて水分を飛ばします。お肉にしっかり火が通ったら完成です。ご飯にかけ、お好みでパセリを散らして召し上がれ。

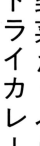

03/29

さっぱり鮭の香味塩だれ漬け

材料（2人分）

- 生鮭…3切れ
- 塩…少々
- 片栗粉…適量
- 長ねぎ…½本
- しょうが…1片
- みょうが…1本
- A
  - 砂糖…大さじ2
  - 塩…小さじ½
  - 酢…大さじ4
  - だしの素…小さじ½
  - 水…大さじ4
  - 白すりごま…大さじ1
  - ごま油…小さじ2
- サラダ油…大さじ3

下ごしらえ

- **鮭**≫3等分に切り、塩をまぶす
- **長ねぎ**≫斜め薄切り
- **しょうが**≫せん切り
- **みょうが**≫せん切りにしてサッと水にさらす

魚　冷蔵 2~3日間　OK

作り方

①ボウルに長ねぎ、しょうが、みょうが、Aを混ぜ合わせる。

②鮭に片栗粉をまぶす。

③フライパンにサラダ油を熱し、②を皮目から並べ入れて、焼き色がついたら裏返し、もう片面も焼き色がつくまで焼く。

④熱いうちに①のボウルに入れる。

Point

■鮭は熱いうちにたれにひたすとしっかりと味が染み込みます。

■酸味が気になる場合は、たれの材料を電子レンジ600Wで1分ほど加熱するとマイルドに。

03/30

ささみのごまみそ焼き

材料（2人分）

- 鶏ささみ…6本
- A
  - 酒…大さじ1
  - 砂糖…小さじ1
  - しょうゆ…小さじ1
  - 合わせみそ…大さじ2
- 白いりごま…大さじ1

下ごしらえ

- **鶏ささみ**≫筋を取り除き、ひと口大に切る

肉　冷蔵 2~3日間　OK

作り方

①ボウルに鶏ささみ、Aを入れて混ぜ合わせる。

②アルミホイルを敷いた天板に①を並べ、白いりごまをまぶす。

③トースターで10分焼く。

Point

■みそだれは焦げやすいので、様子をみてアルミホイルをかぶせてくださいね。

■お好みでマヨネーズを加えたり、豆板醤を加えてピリ辛にするのもおすすめです。

■火が通らない場合は裏返してさらに焼いてください。

03/31

しらすと大葉のじゃがいもガレット

20min　OK（電子レンジ）　冷蔵 2~3日間　野菜

材料（2人分）
じゃがいも…3個（450g）
大葉…4枚
しらす…30g
ピザ用チーズ…50g
塩・こしょう…少々
サラダ油…大さじ4

下ごしらえ
じゃがいも、大葉»せん切り

作り方
① ボウルにじゃがいも、大葉、しらす、ピザ用チーズ、塩・こしょうを入れて混ぜ合わる。
② フライパンにサラダ油大さじ2を熱し、①の半量を入れて厚さが均等になるように広げる。カリッと焼き目がつくまで中火で焼いたら裏返し、さらに5分ほど焼く。残りも同様に焼く。
③ 粗熱が取れたら切り分ける。

Point
■ じゃがいもは水にさらさず、そのまま焼くのがポイントです。
■ スライサーで薄切りにしてからせん切りにするとかんたんです。
■ パリッと仕上げるため、ふたはせずに多めの油でじっくり焼いてくださいね。

Column 6

おかず作りがラクになる 調理HACK!

Part 2

ちょっとしたことだけど、
知っているとおかず作りがラクになる
調理中のテクニックをこっそりご紹介。

オクラ

購入時に入っているネットの上から
塩をかけて手で揉むと、まな板を使わずに
産毛を取ることができる。

なす

ねぎカッターを使うとすばやく
格子状に切り込みを入れることができる。

きゅうり

割り箸2本で挟んで包丁を入れると、
すべて切り落とさずに切り込みを
入れることができる。

油揚げ

菜箸を油揚げの上で転がすと、
破れずに中が開きやすくなる。

ちょっとしたテクニックでおかず作りが簡単に!

4月
5月
6月

の作りおき

04/01

緑野菜のおひたし

15min

OK

冷蔵 2~3日間

野菜

材料（3～4人分）

小松菜…5株
菜の花…100g
ブロッコリー…1/3株
みりん…大さじ1 1/3
薄口しょうゆ…大さじ1 1/3
だし汁…300mℓ
（だしの素…小さじ2/3
水…300mℓ）
塩…小さじ1

下ごしらえ

小松菜≫根を切り落とす
ブロッコリー≫小房に分け、塩水（分量外）で洗う

作り方

① 耐熱容器にだし汁、みりん、薄口しょうゆを入れ、電子レンジ600Wで2分30秒加熱し、取り出して粗熱を取る。
② 鍋にたっぷりの湯を沸かし、沸騰したら塩を入れて小松菜の葉の部分を持って根元を30秒、葉もひたして30秒ほどゆでて取り出す。
③ 同じ鍋で菜の花は1分30秒、ブロッコリーは2分30秒それぞれゆでる。
④ ゆでた野菜の粗熱を取り、絞って水気を切り保存容器に入れる。
⑤ ④に①を流し入れ、冷蔵庫で1時間ほど冷やす。

Point

- 野菜はゆですぎないように気をつけてくださいね！
- 緑色の野菜はゆでると変色しやすくなるので、お湯からあげサッと冷水にさらすと色止めになり、食感もよくなります。

04/02

つぶつぶコーンの冷凍マカロニグラタン

その他
冷凍 2週間
OK

20min

材料（作りやすい分量）

コーン（缶詰）…40g
ベーコン…40g
マカロニ…50g
ピザ用チーズ…適量
パン粉…適量
パセリ（みじん切り）…少々
小麦粉…大さじ1
バター（無塩）…15g
牛乳…150㎖
塩・こしょう…少々

下ごしらえ

コーン≫汁気を切る
ベーコン≫5㎜幅に切る
マカロニ≫袋の表示どおりにゆでる

作り方

① 耐熱ボウルに小麦粉とバターを入れてふんわりラップをかけ、電子レンジ600Wで1分加熱してよく混ぜる。
② 牛乳を少しずつ加えて混ぜ、ラップをかけて再度電子レンジで2分加熱する。
③ コーン、ベーコンを加えてラップをかけ、電子レンジで2分加熱する。
④ マカロニ、塩・こしょうを加えて混ぜ、粗熱が取れたら6分の1量ずつアルミカップに入れる。
⑤ ピザ用チーズとパン粉をのせ、パセリをふったら保存容器に移してラップをかけ、冷凍庫で保存する。

食べるときは
凍ったまま、トースターで7分加熱します。

04/03

肉じゃがきんぴら

野菜
冷蔵 2~3日間
OK

25min

材料（2人分）

豚こま切れ肉…100g
さつま揚げ…50g
にんじん…100g
じゃがいも…3個（300g）
さやいんげん…5本
めんつゆ（3倍濃縮）…大さじ2
白いりごま…小さじ1
サラダ油…大さじ1

下ごしらえ

豚肉≫ひと口大に切る
さつま揚げ、にんじん≫拍子木切り
じゃがいも≫拍子木切りにして水にさらす
さやいんげん≫塩ゆでして半分の長さに切る

作り方

① フライパンにサラダ油を熱し、豚肉、じゃがいも、にんじんの順に加えて、中火で炒める。
② じゃがいもが透き通ってきたら、めんつゆ、さつま揚げを加え、ふたをして5分蒸し焼きにする。
③ ふたをあけてさやいんげんを加え、汁気をとばす。白いりごまをふってさっと混ぜる。

Point
■じゃがいもはメークインを使うと煮崩れしにくいです。
■水分が無くなり焦げ付きそうになったら水を少量加えて調節してください。

04/04

アスパラとパプリカのピクルス

野菜
冷蔵 2~3日間
OK

材料（2人分）

アスパラガス…5本
赤パプリカ…1/2個
黄パプリカ…1/2個
〈ピクルス液〉
酢…150mℓ
水…100mℓ
砂糖…大さじ3
塩…小さじ1
にんにく…1片
ローリエ…1枚
赤唐辛子…1本

15min

下ごしらえ

アスパラガス≫根元のかたい部分を切り落とし、ピーラーで下から3cm程度皮をむいて3等分に切る
パプリカ≫1cm幅に切る
にんにく≫薄切り

作り方

① 鍋にピクルス液の材料を入れて火にかけ、ひと煮立ちしたら火を止めて粗熱を取る。
② 別の鍋に湯を沸かして塩少々（分量外）を加え、アスパラ、パプリカを30秒ほどサッとゆでてザルに上げ、粗熱が取れたら水気を拭き取る。
③ 保存容器に①、②を入れ、冷蔵庫で2~3時間冷やす。

Point
■野菜はシャキッとした食感を残すため、サッとゆでるのがポイントです。
■タイムやローズマリーなどのハーブを入れても香りよく仕上がります。

04/05

豚肉とエリンギのしょうが煮

肉
冷蔵 2~3日間
OK

材料（2人分）

豚こま切れ肉…200g
エリンギ…2本
こんにゃく…1枚（220g）
しょうが…1片
A
砂糖…大さじ1
酒…大さじ2
みりん…大さじ2
しょうゆ…大さじ2
サラダ油…小さじ2

20min

下ごしらえ

エリンギ≫縦半分に切ったあと薄切り
こんにゃく≫5mm幅の拍子木切りにして水洗いする。耐熱容器に入れてラップをかけ、電子レンジ600Wで2分加熱して水洗いし、水気をよく切る
しょうが≫せん切り

作り方

① フライパンにサラダ油を熱し、こんにゃくを炒める。油がまわったら豚肉を加えて炒める。
② 豚こま肉の色が変わったらエリンギを入れて炒め合わせ、しょうがとAを加えて煮絡める。お好みで糸唐辛子をトッピングする。

Point
■こんにゃくはアク抜きをしっかりすると味が染みやすいです。
■しめじやまいたけなどお好みのきのこでアレンジしてみてくださいね。

04/06

レンチンソース焼きそば

⏱10min

OK（電子レンジ） 冷凍 2週間 麺

材料（6個分）

焼きそば麺…1玉
豚バラ肉（薄切り）…60g
キャベツ…90g
にんじん…20g
玉ねぎ…30g
鶏ガラスープの素…小さじ½
サラダ油…小さじ1
塩・こしょう…少々
付属の焼きそばソース…1袋

下ごしらえ

焼きそば麺≫4等分に切る
豚肉、キャベツ≫ひと口大に切る
にんじん≫短冊切り
玉ねぎ≫7㎜厚さに切る

作り方

① 耐熱ボウルに豚肉、鶏ガラスープの素、サラダ油、塩・こしょうを入れて混ぜ合わせる。
② ①のボウルに麺を入れ、その上にキャベツ、にんじん、玉ねぎをのせる。
③ 付属の焼きそばソースを入れて、ふんわりとラップをかけて電子レンジ600Wで約5分加熱する。
④ ③をよく混ぜ合わせたら、カップに6分の1量ずつ入れ、粗熱をとったら、お好みで紅しょうがと青のりをトッピングする。

Point

- 肉にあらかじめサラダ油と鶏ガラスープの素をなじませておくことで、炒めたような味に仕上がりになります。
- 野菜を麺の上にのせることで、野菜から出る水分で麺がしっかり蒸し上がります。

食べるときは

お弁当に入れるときは、電子レンジで加熱して粗熱を取ってから入れてくださいね。

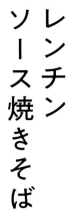

04/07

鮭と厚揚げのはちみつしょうが焼き

魚
冷蔵 2~3日間
OK

材料（2人分）
生鮭…3切れ
塩…少々
小麦粉…適量
厚揚げ…1枚
A しょうが…大さじ½
酒…大さじ1
砂糖…大さじ½
はちみつ…大さじ1
しょうゆ…大さじ1
サラダ油…大さじ2

下ごしらえ
鮭≫塩をふって、4等分に切り、小麦粉をまぶす
厚揚げ≫厚さを半分にしひと口大に切る

作り方
① フライパンにサラダ油を熱し、生鮭、厚揚げを並べ入れて焼く。焼き目がついたら裏返し、ふたをして弱めの中火で3~4分蒸し焼きにする。
② Aを入れて煮絡める。

04/08

鶏むね肉のマヨしょうが焼き

肉
冷蔵 2~3日間
OK

材料（2人分）
鶏むね肉…1枚（250g）
玉ねぎ…½個
塩・こしょう…少々
片栗粉…適量
マヨネーズ…大さじ2
A しょうが（すりおろし）…大さじ1
酒…大さじ3
みりん…大さじ3
しょうゆ…大さじ2

下ごしらえ
鶏肉≫皮と余分な脂身は取り除き、そぎ切り
玉ねぎ≫薄切り

作り方
① 鶏肉を台に置き、ラップをかけた上からめん棒でたたいてのばし、両面に塩・こしょう、片栗粉をまぶす。
② フライパンにマヨネーズを入れて熱し、①を焼く。両面に焼き色がついたら玉ねぎを加えて炒める。
③ Aを加え、全体に絡める。

Point
■鶏むね肉は繊維を断ち切るようにそぎ切りにしてたたくと、焼き縮みしにくくなります。
■片栗粉をまぶすとジューシーに仕上がります。

04/09

2色アスパラガスの焼きびたし

15min

材料(2人分)
アスパラガス…6本
ホワイトアスパラガス…6本
オリーブオイル…大さじ1
A だしの素…小さじ1/3
しょうが(すりおろし)…小さじ1
酒…大さじ1
みりん…大さじ1
しょうゆ…大さじ1

野菜
冷蔵 2~3日間
OK

下ごしらえ
アスパラガス≫根元を切り落とし、下から3cmほどをピーラーで皮をむく
ホワイトアスパラガス≫根元を切り落とし、穂先から下をピーラーで皮をむく。皮は取っておく

作り方
① フライパンに水を入れて沸騰させ、塩少々(分量外)とホワイトアスパラガスと皮を4~5分ゆでる。ゆで汁は150㎖取っておく。
② フライパンにオリーブオイルを熱し、アスパラガスとホワイトアスパラガスを両面こんがりと焼き色をつけ、取り出す。
③ 鍋に①のゆで汁、Aを入れて煮立たせる。
④ ②を保存容器に移して③を注ぎ入れ、粗熱が取れたら冷蔵庫で保存する。

Point
■ホワイトアスパラガスは皮と一緒に下ゆですると、香りがよくなります。

04/10

大豆とじゃこの甘辛炒め

15min

材料(2人分)
大豆(水煮)…200g
ちりめんじゃこ…30g
片栗粉…大さじ1
砂糖…大さじ1 1/2
しょうゆ…大さじ1 1/2
サラダ油…大さじ3

魚
冷蔵 4~5日間
OK

下ごしらえ
大豆≫水気を切る

作り方
① ボウルに大豆、ちりめんじゃこ、片栗粉を入れて混ぜ合わせる。
② フライパンにサラダ油を強火で熱し、①を炒める。
③ ②がきつね色になってきたら、キッチンペーパーで余分な油を拭き取り、砂糖としょうゆを加える。
④ 焦げ付かないように中火で炒める。

Point
■大豆はきつね色になるまでしっかり炒めて水分を飛ばすのがポイントです。

04/11

たっぷり野菜と鶏肉のラタトゥイユ

肉
冷蔵 3~4日間
OK

材料（4人分）

鶏もも肉…300g
玉ねぎ…½個
にんじん…1本
れんこん…150g
かぼちゃ…200g
にんにく…2片
オリーブオイル…大さじ2
A
カットトマト缶…1缶
コンソメ…小さじ1
塩・こしょう…少々
ローリエ…2枚

下ごしらえ

鶏肉≫余分な皮と脂を除き、ひと口大に切る
玉ねぎ≫1cm角に切る
にんじん、れんこん≫乱切り
かぼちゃ≫ひと口大に切る
にんにく≫みじん切り

作り方

① フライパンににんにくとオリーブオイルを入れて熱し、香りが出たら鶏肉を加えて両面に焼き色をつける。
② 玉ねぎ、にんじん、れんこん、かぼちゃを加えて炒める。
③ 野菜に火が通ったらAを加える。煮立ったらふたをして火を弱め、約20分煮込む。

食べるときは
バゲットにのせたり、オムレツやパスタにアレンジするのもおすすめです。

04/12

焼き野菜の和風ピクルス

野菜
冷蔵 2~3日間
OK

材料（2人分）

新玉ねぎ…½個
アスパラガス…3本
黄パプリカ…½個
れんこん…100g
A
めんつゆ（ストレート）…40mℓ
酢…80mℓ
ポン酢…120mℓ
サラダ油…大さじ1

下ごしらえ

新玉ねぎ≫くし形切り
アスパラガス≫下から2cmほどを切り落とし、ピーラーで厚い皮の部分をむく。はかまを取り除き、斜め4等分に切る
パプリカ≫大きめの乱切り
れんこん≫半月切り

作り方

① フライパンにサラダ油を熱し野菜を並べて焼き、焼けたものから保存容器に入れる。
② 鍋にAを入れて沸騰させる。
③ 保存容器に②を注ぎ、粗熱が取れたら、ふたをとじ、冷蔵庫で2~3時間ほど漬け込む。

Point
■お好みの野菜でアレンジしてみてください。

04/13

手羽元のにんにくしょうゆ焼き

肉

冷凍 2週間

OK

15min

材料（2人分）

鶏手羽元…8本
塩・こしょう…少々
にんにく…3片
A
酒…大さじ3
みりん…大さじ3
しょうゆ…大さじ3
ごま油…小さじ1

下ごしらえ

鶏手羽元≫フォークで数か所刺し、塩・こしょうをふる
にんにく≫包丁の背で潰す

作り方

① 保存袋に手羽元、にんにく、Aを入れてよく揉み込む。
② 手羽元が重ならないように平らにならして空気を抜き、口を閉じて半分に折って冷凍庫に入れる。

食べるときは
冷蔵庫で半解凍してからフライパンに入れて中火にかけ、ふたをして10分ほど蒸し焼きにします。ふたを開け、菜箸で転がしながら水分がなくなるまで煮詰めてください。

Point
■手羽元はフォークで穴を開けると味が染み込みやすくなります。
■にんにくは半量をすりおろすと、より香りが立ちます。

04/14

なすのねぎみそポン漬け

野菜

冷蔵 2~3日間

OK

20min

材料（2人分）

なす…3本
長ねぎ…1本
A
はちみつ…小さじ2
しょうが（すりおろし）…小さじ1
ポン酢…大さじ3
合わせみそ…大さじ½
白いりごま…大さじ1
サラダ油…適量

下ごしらえ

なす≫縦半分に切ってから斜めに切れ目を入れ、3等分に切る
長ねぎ≫白髪ねぎにする

作り方

① 大きめのボウルにねぎとAを入れて混ぜ合わせる。
② フライパンにサラダ油を熱し、なすが鮮やかな色になるまで揚げ焼きにする。
③ なすが熱いうちに①と一緒に保存容器に入れ、なじませる。

Point
■漬ければ漬けるほど、より味が染みておいしくなります。

04/15

ささみと春キャベツのピリ辛あえ

10min

OK（電子レンジ）　冷蔵2〜3日間　肉

材料（2人分）

鶏ささみ…3本
酒…大さじ2
塩・こしょう…少々
春キャベツ…1/4玉

A
にんにく（すりおろし）…小さじ1
砂糖…大さじ1
酢…大さじ2
しょうゆ…大さじ2
白いりごま…大さじ1
ラー油…大さじ1/2

下ごしらえ

鶏ささみ≫筋を取り、酒、塩・こしょうをまぶす
春キャベツ≫ひと口大に切る
A≫混ぜ合わせる

作り方

① 耐熱容器に春キャベツを入れ、その上に鶏ささみをのせ、ふんわりラップをかけて電子レンジ600Wで6分加熱する。
② 粗熱を取り、余分な水分を拭き取って、鶏ささみをほぐす。
③ ②にAを回しかけて、全体がよくなじむまで混ぜ合わせる。

保存&食べるときは

粗熱が取れたら、保存容器に入れて冷蔵庫で保存してください。

Point

- 加熱の途中で一度鶏ささみを裏返してから加熱すると、火の通りが早くなります。
- 鶏ささみを鶏むね肉に代えてもおいしくできますよ。
- ラー油はお好みの辛さに合わせて量を調節してくださいね。

25min

04/16

たっぷりきのこのコクうまミートソース

その他
冷蔵 5日間
OK

材料（2人分）

合いびき肉…200g
エリンギ…1パック（100g）
しいたけ…6個
玉ねぎ…1個
にんにく…2片
オリーブオイル…大さじ1
A
カットトマト缶…1缶
酒…大さじ3
コンソメ…大さじ½
B
砂糖…大さじ½
塩…小さじ⅓
ウスターソース…50ml
ケチャップ…50ml

下ごしらえ

エリンギ、しいたけ≫粗みじん切り
玉ねぎ、にんにく≫みじん切り

作り方

① フライパンにオリーブオイルを熱し、にんにくを入れて弱火で炒める。香りが立ったらエリンギ、しいたけ、玉ねぎを加え、中火で5分炒め合わせる。
② 玉ねぎの色が透き通ったら、ひき肉を加えて炒める。肉の色が変わったらAを加え、ふたをして中火で10分煮込む。
③ ふたを開けてBを加え、強めの中火で5分煮込む。

Point
■きのこを玉ねぎと一緒にじっくり炒めて、うま味を引き出します。

15min

04/17

ピリ辛牛ごぼうきんぴら

野菜
冷凍 2週間
OK

材料（2人分）

牛こま切れ肉…200g
塩・こしょう…少々
ごぼう…1本
にんじん…½本（75g）
A
酒…大さじ1
みりん…大さじ1
砂糖…大さじ½
しょうゆ…大さじ1
豆板醤…小さじ1
ごま油…大さじ1

下ごしらえ

牛肉≫塩・こしょうをまぶす
ごぼう≫5cm長さの細切りにして5分水にさらす
にんじん≫5cm長さの細切り

作り方

① 鍋に湯を沸かし、ごぼうを1～2分サッとゆで、ザルに上げて粗熱を取り、キッチンペーパーで水気をよく拭き取る。
② 密閉保存袋に牛肉、ごぼう、にんじん、Aを入れてよく揉み込む。
③ 空気を抜きながら平らにし、口を閉じて冷凍庫に入れる。

食べるときは
凍ったままフライパンに入れて水大さじ1を加え、ふたをして中火で3～4分蒸し焼きにします。ふたを開け、水分がなくなるまで炒めてください。お好みで白いりごまをのせて召し上がれ。

04/18

切り干し大根ナポリタン

15min

OK（電子レンジ）

冷蔵 2~3日間

野菜

材料（2人分）

切り干し大根…50g
ピーマン…2個
赤パプリカ…½個
玉ねぎ…1個
ベーコン…4枚（約90g）
にんにく…1片
塩・こしょう…少々
ケチャップ…大さじ4（60g）
昆布茶…小さじ1
オリーブオイル…大さじ1

下ごしらえ

切り干し大根》水に10~15分ひたして戻し、水気を切り、食べやすい長さに切る
ピーマン、パプリカ、玉ねぎ》細切り
ベーコン》5㎜幅に切る
にんにく》みじん切り

作り方

① フライパンにオリーブオイルを熱し、にんにくを入れて弱火で炒める。香りが立ってきたらベーコンを加えてカリカリになるまで中火で炒める。
② 余分な脂をキッチンペーパーで拭き取り、ピーマン、パプリカ、玉ねぎを加えて中火で炒め、野菜に油がまわったら切り干し大根を加えざっと混ぜる。
③ ケチャップと昆布茶を加え、水分を飛ばすように炒め、塩・こしょうで味を調える。

Point

■冷えた時に固まってしまうので、ベーコンから出た油は、キッチンペーパーで軽く拭き取ってください。

@rosso___

04/19

ぷちぷちコーンしゅうまい

20min

肉
冷蔵 2~3日間
OK

材料（2人分）

- 鶏ひき肉…300g
- 玉ねぎ…¼個
- コーン（缶詰）…200g
- 片栗粉…大さじ1
- A
  - 砂糖…小さじ1
  - 塩・こしょう…少々
  - しょうゆ…小さじ2
  - 鶏ガラスープの素…小さじ1
  - ごま油…大さじ1
- 酒…大さじ1

下ごしらえ

玉ねぎ≫みじん切り
コーン≫ザルにあけて水気を切り、片栗粉を混ぜ合わせる

作り方

① ボウルにひき肉、玉ねぎ、Aを入れて粘りが出るまでよく混ぜる。
② ①をピンポン玉くらいの大きさに等分に丸め、コーンをまわりにくっつける。
③ 耐熱皿に②を並べて酒を回しかけ、ふんわりとラップをかけて電子レンジ600Wで7分加熱する。

Point
■コーンは手でギュッと押し付けるようにしてくっつけると、加熱のときに取れにくくなります。

04/20

汁なしパラパラ麻婆豆腐

25min

肉
冷凍 2週間
OK

材料（作りやすい分量）

- 木綿豆腐…1丁（300g）
- 豚ひき肉…100g
- ごま油…大さじ1
- A
  - 長ねぎ…⅓本
  - にんにく…1片
  - しょうが…1片
  - 豆板醤…小さじ2
- B
  - 酒…大さじ1
  - しょうゆ…大さじ1
  - 鶏ガラスープの素…小さじ1

下ごしらえ

木綿豆腐≫キッチンペーパーで包んで重しをのせ、20分ほど置いて水切りする
長ねぎ、にんにく、しょうが≫みじん切り

作り方

① フライパンに豆腐を入れ、崩しながら炒めて水分を飛ばす。パラパラになったら一度取り出す。
② フライパンにごま油を熱し、Aを入れ中火で炒める。
③ 香りが立ってきたらひき肉を加えて炒め、肉の色が変わったら①を加えてさらに炒める。
④ Bを加えて混ぜ合わせたら火からおろし、粗熱を取る。おかずカップに移し、保存容器に入れて冷凍庫で保存する。

食べるときは
お弁当に入れるときは冷凍のまま電子レンジ600Wで30秒~1分ほど加熱し、水分を拭き取り、粗熱を取ってからつめてください。

04/21

焼きねぎの和風ピクルス

10min

野菜

冷蔵 2~3日間

OK

材料（2人分）

長ねぎ…3本
ごま油…大さじ1
〈ピクルス液〉
だし汁…100mℓ
（だしの素…小さじ½
水…100mℓ）
酢…150mℓ
砂糖…大さじ3
しょうゆ…小さじ1
しょうが…1片

下ごしらえ

長ねぎ≫5cm長さに切る
しょうが≫薄切り

作り方

① フライパンにごま油を熱し、長ねぎを並べ入れて強めの中火で焼く。表面に焼き目をつけたら取り出し、粗熱を取って保存瓶に入れる。

② 鍋にピクルス液の材料を入れて火にかけ、ひと煮立ちしたら火からおろして粗熱を取る。

③ ①の保存瓶に②を注いでふたを閉じ、冷蔵庫で2~3時間ほど漬け込む。

Point

■長ねぎは焼き目をつけて香ばしく仕上げるのがポイントです。

04/22

えのきだけで自家製なめたけ

10min

ご飯

冷蔵 3~4日間

OK

材料（作りやすい分量）

えのきだけ…2袋（400g）
A 酒…50mℓ
みりん…50mℓ
砂糖…小さじ2
しょうゆ…50mℓ
だしの素…小さじ½
酢…大さじ1½

下ごしらえ

えのき≫袋ごと石づきを切り落とし、3cm長さに切る

作り方

① フライパンにえのき、Aを入れ、中火で煮立たせる。

② 混ぜながら5分煮詰め、仕上げに酢を加えてひと煮立ちさせる。

Point

■仕上げに酢を加えることで味が引き締まり、日持ちもしやすくなります。
■ご飯にのせたり、パスタに和えたり、アレンジを楽しんでくださいね。

保存&食べるときは

保存容器に移し、粗熱が取れたら冷蔵庫で保存します。

04/23

鶏肉のにんにくみそマヨ焼き

肉
冷凍 2週間
OK（電子レンジ）

材料（2人分）

鶏もも肉…2枚
玉ねぎ…1個
にんにく（すりおろし）…1片分
A
マヨネーズ…大さじ3
みそ…大さじ2
酒…大さじ3
しょうゆ…大さじ1/2

10 min

下ごしらえ

鶏肉≫ひと口大に切る
玉ねぎ≫半分に切り、繊維に沿って7mm厚さに切る

作り方

① 密閉保存袋に鶏肉、玉ねぎ、にんにく、Aを入れてよく揉み込む。
② 空気を抜きながら平らにして袋を閉じ、冷凍庫で保存する。

保存&食べるときは

凍ったままフライパンに半量を入れて水大さじ2を加え、ふたをして中火で5分蒸し焼きにします。ふたをあけて水分がなくなるまで炒めてください。

Point

■冷凍する前に指や菜箸で袋の上から筋を付けておくと、凍ったままでも使う分だけ取り出しやすくなって便利です。

04/24

うま辛みそのツナキャベツ

野菜
冷蔵 2~3日間
OK（電子レンジ）

材料（2人分）

ツナ缶（水煮）…1缶（70g）
キャベツ…200g（3~4枚）
A
合わせみそ…大さじ1/2
しょうゆ…小さじ1
砂糖…小さじ1
豆板醤…小さじ1/2
ごま油…大さじ1/2
白すりごま…大さじ1 1/2

5 min

下ごしらえ

ツナ缶≫汁気を軽く切る
キャベツ≫芯を取り除いてざく切り

作り方

① 耐熱ボウルにキャベツを入れてふんわりとラップをかけ、電子レンジ600Wで2分30加熱し、水気を切る。
② 別のボウルにA、ツナを入れてなじませ、①、白すりごまを加えてよくあえる。仕上げに白すりごまをふる。

Point

■ツナのオイル漬けを使用する場合は、ごま油の量を小さじ1/2程度に減らして作ってください。

04/25

ほうれん草と桜えびの塩ナムル

野菜

冷蔵 2~3日間

OK

材料（2人分）

ほうれん草…1束（200g）
桜えび…5g
白いりごま…大さじ1
ごま油…大さじ1 1/2
にんにく（すりおろし）…小さじ1/2
塩…小さじ1/3

作り方

① 鍋にたっぷりの湯を沸かして塩を少々（分量外）を入れる。ほうれん草を1分ほどゆでて、ザルに上げてしっかり絞って水気を切り、3cm長さに切る。

② ボウルにごま油、にんにく、塩を入れてよく混ぜ、①のほうれん草、桜えび、白いりごまを加えてサッと混ぜ合わせる。

Point

■出来上がりが水っぽくならないように、ほうれん草はしっかり水気を絞ってくださいね。
■桜えびは乾煎りするとさらに香ばしくなります。

04/26

中華おこわ風おむすびの素

ご飯

冷凍 2週間

OK

材料（4人分）

豚バラ肉（ブロック）…150g
干ししいたけ…10g
長ねぎ…1/2本
塩・こしょう…適量
A 酒…大さじ1
A 砂糖…大さじ1
A しょうゆ…大さじ3
A オイスターソース…大さじ1
A 干ししいたけの戻し汁…大さじ2
ごま油…大さじ1

下ごしらえ

豚肉≫1cm角に切る
干ししいたけ≫水で戻し、1cm角に切る。戻し汁を大さじ2取っておく
長ねぎ≫みじん切り

作り方

① フライパンにごま油を熱し、豚肉を入れ、塩・こしょうをふり、余分な油を取り除きながら焼き色がつくまで炒める。

② 干ししいたけ、長ねぎを加えて炒め、Aを入れ煮汁が2分の1ほどになるまで炒めたら火からおろす。

③ 粗熱を取り、2等分にして保存袋に入れ、しっかり空気を抜いて、口を閉じ冷凍庫で保存する。

食べるときは

冷蔵庫で半解凍し耐熱ボウルに入れてラップをふんわりとかけ、電子レンジ600Wで2分加熱します。温かいご飯に混ぜて完成です（1袋に対してご飯250gが目安です）。

04/27

れんこん入りヤンニョムチキン

25min

肉

冷蔵 2~3日間

OK

材料（2人分）

鶏もも肉…2枚（500g）
れんこん…250g
ごま油…大さじ1

A
にんにく（すりおろし）…小さじ1
しょうが（すりおろし）…小さじ1
コチュジャン…大さじ2
豆板醤…大さじ2
砂糖…大さじ1
しょうゆ…大さじ1
鶏ガラスープの素…小さじ1
ごま油…小さじ1

下ごしらえ

鶏肉≫余分な筋と脂を取り除き、ひと口大に切る
れんこん≫5mm厚さの半月切りにして酢水にさらす

作り方

① ボウルに鶏肉とAを入れてよく揉み込む。
② フライパンにごま油を熱し、れんこんを炒め、焼き色がついたら取り出す。
③ ②のフライパンに①を入れ、肉の色が変わるまで7~8分ほど炒める。れんこんを戻し入れ、全体を炒め合わせる。お好みで白髪ねぎをトッピングする。

Point

■鶏肉は焦げやすいので、火加減は様子をみながら調節してくださいね。

04/28

ごぼうとこんにゃくのみそ煮

25min

野菜

冷蔵 2~3日間

OK

材料（2人分）

ごぼう…1本（150g）
こんにゃく…1枚（200g）
だし汁…150mℓ

A
酒…大さじ1
みりん…大さじ2
しょうゆ…大さじ½
合わせみそ…大さじ2

ごま油…大さじ1

下ごしらえ

ごぼう≫表面に斜めに切り込みを入れ、4cm長さに切って水にさらす
こんにゃく≫表面に格子状の切れ目を入れ、ひと口大に切る

作り方

① 鍋に湯を沸かし、こんにゃくを入れて3分下ゆでし、ザルに上げて水気を切る。
② フライパンにごま油を熱し、ごぼうを炒める。
③ 油がまわったらこんにゃくを加えてサッと炒める。だし汁、Aを加え、落としぶたをして弱火でごぼうがやわらかくなるまで10分ほど煮る。
④ 落としぶたを外し、汁気がなくなるまで煮る。お好みで白いりごまをふる。

Point

■ごぼうは竹串がスッと通るまでやわらかく煮てくださいね。
■赤唐辛子を加えてピリ辛にするのもおすすめです。

04/29

枝豆のピリ辛しょうゆ漬け

野菜

冷蔵 3~4日間

OK

材料（2人分）

枝豆…200g
塩…小さじ2

A
にんにく…1片
砂糖…大さじ½
みりん…50ml
しょうゆ…50ml
水…100ml
ごま油…大さじ1
赤唐辛子（輪切り）…1本

下ごしらえ

枝豆≫さやの両端を切り落とす
にんにく≫薄切り

作り方

① 枝豆をボウルに入れ、塩を加えて揉み込む。
② 鍋に湯を沸かし、①を4～5分ゆでる。湯を切り、耐熱容器に移す。
③ ボウルにAを入れ、電子レンジ600Wで3分加熱する。
④ ②に③を注ぎ入れ、冷蔵庫でひと晩ほど漬け込む。

04/30

ベーコンジャム

その他

冷蔵 5日間

材料（2人分）

ベーコン…5枚
ソーセージ…3本
玉ねぎ…½個
にんにく…1片
オリーブオイル…大さじ1

A
水…50ml
はちみつ…大さじ1
バルサミコ酢…大さじ½
粒マスタード…大さじ½
ローリエ…1枚
インスタントコーヒー…小さじ1

塩…小さじ¼
黒こしょう…小さじ¼

下ごしらえ

ベーコン、ソーセージ、玉ねぎ、にんにく≫みじん切り

作り方

① フライパンにオリーブオイルを熱し、ベーコン、ソーセージを入れて脂が出て焼き色がつくまで炒める。
② 玉ねぎ、にんにくを加えて玉ねぎがしんなりするまで炒める。
③ Aを加えて水分が飛ぶまで炒め、塩、黒こしょうを加える。

Column 7

おかず作りがラクになる
調理HACK!
Part 3

ちょっとしたことだけど、
知っているとおかず作りがラクになる
調理中のテクニックをこっそりご紹介。

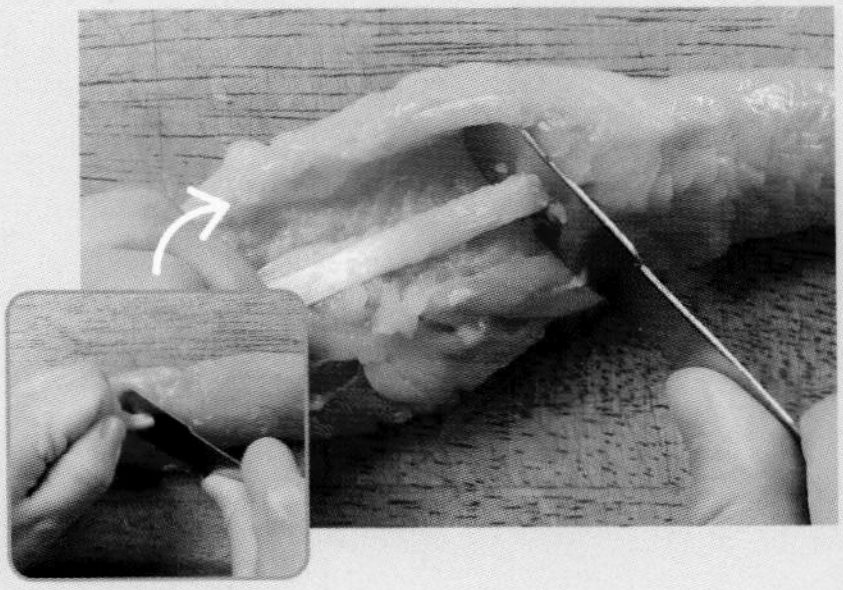

鶏ささみ①

軽量スプーンの穴に筋を通して引っ張ると、
簡単に筋が取れる。

鶏ささみ②

ピーラーを使うと、簡単に筋が取れる。

こんにゃく①

ねぎカッターやフォークを使うと、
すばやく格子状に切り込みを入れられる。

こんにゃく②

袋に入れてめん棒でたたくと、
味が染み込みやすくなる。

ちょっとしたテクニックでおかず作りが簡単に!

05/01

鶏むね肉とまいたけのコンソメバター炒め

10min

肉
冷蔵 2~3日間
OK

材料（2人分）

鶏むね肉…1枚（200g）
まいたけ…1パック（100g）
赤パプリカ…½個
酒…大さじ1
コンソメ…小さじ1
塩…少々
粗びき黒こしょう…少々
バター（無塩）…15g

下ごしらえ

鶏肉≫ひと口大に切り塩・こしょう少々（分量外）をまぶす
まいたけ≫石づきを切り落としてほぐす
パプリカ≫細切り

作り方

① フライパンでバターを熱し、鶏肉を皮目から並べ入れて両面を焼く。
② まいたけ、パプリカの順に加えて炒め、しんなりしたら酒、コンソメを加えてサッと炒め合わせ、塩、黒こしょうで味を調える。

Point

■まいたけは加熱すると水分が出てくるので強火でサッと炒めてください。
■お好みでしょうゆやみそを加えるとコクが増します。

05/02

れんこんとエリンギののり塩バター炒め

20min

野菜
冷蔵 2~3日間
OK

材料（2人分）

れんこん…150g
エリンギ…3本
バター（無塩）…25g
塩・こしょう…少々
青のり…大さじ1

下ごしらえ

れんこん≫縦に拍子木切りにし、5分水にさらす
エリンギ≫手でさく

作り方

① フライパンにバターを熱し、れんこんを炒める。バターがまわったらふたをして弱火で3分蒸し焼きにする。
② エリンギを加えて中火で3分炒め、塩・こしょうと青のりを加えて混ぜ合わせる。

Point

■れんこんは蒸し焼きにすることで、シャキシャキ、ホクホクとした食感が楽しめます。
■エリンギは手でさくと、食感がよく、味も染み込みやすくなります。

05/03

簡単ツナじゃが

25min

OK（電子レンジ）　冷蔵 2~3日間　野菜

材料（2人分）

じゃがいも…3個（450g）
長ねぎ…1本
ツナ缶…2缶
A 酒…大さじ1
　みりん…大さじ1
　砂糖…大さじ2
　しょうゆ…大さじ2
　だし汁…100mℓ
サラダ油…大さじ1

下ごしらえ

じゃがいも≫ひと口大に切って水にさらす
長ねぎ≫斜め薄切り
ツナ缶≫油を切る

作り方

① 耐熱ボウルにじゃがいもを入れ、ふんわりラップをかけて電子レンジ600Wで4~5分加熱する。
② 鍋にサラダ油を熱し、長ねぎを炒める。しんなりしたら①を加えて炒める。
③ 油がまわったら、ツナ、Aを加えてひと煮立ちさせ、水分がなくなるまで煮詰める。

Point

■じゃがいもはレンジで加熱すると煮込み時間の短縮に。
■煮汁はしっかり煮詰めて全体に煮絡めてくださいね。

05/04

ヤングコーンのお花肉巻き

肉　冷凍2週間　OK

25min

材料（2人分）

豚ロース肉（薄切り）…6枚
塩・こしょう…少々
スナップえんどう…12本
ヤングコーン（水煮）…6本
片栗粉…適量
A
ケチャップ…大さじ2
ウスターソース…大さじ1
はちみつ…小さじ1
バター（無塩）…5g
酒…大さじ½
サラダ油…大さじ½

下ごしらえ

豚肉≫塩・こしょうをふる
スナップえんどう≫筋を取る
ヤングコーン≫水気を拭き取る

作り方

① 鍋にたっぷりの湯を沸かし、塩（分量外）を加え、スナップえんどうを2分ほどゆで、冷水にさらして水気を拭き取る。
② 豚肉を広げ、スナップえんどう2本とヤングコーンをのせてきつく巻き、薄く片栗粉をまぶす。
③ フライパンにサラダ油を熱し、②の巻き終わりを下にして並べ入れ、転がしながら焼く。
④ 全体に焼き色がついたら弱火にし、酒を回しかけてふたをし、5分ほど蒸し焼きにする。ふたを開けてAを加え全体に絡める。

保存＆食べるときは

粗熱が取れたら、半分に切っておかずカップに盛り保存容器に入れて冷凍庫で保存します。食べるときは、半日前に冷蔵庫で解凍し、電子レンジ600Wで30秒～1分ほど加熱してください。

05/05

新じゃがと玉こんのコロコロうま辛煮

野菜　冷蔵2～3日間　OK

30min

材料（2人分）

新じゃがいも…300g
玉こんにゃく…150g
A
だし汁…100mℓ
酒…大さじ2
みりん…大さじ2
しょうゆ…大さじ2
砂糖…大さじ1

下ごしらえ

新じゃがいも≫大きさを切りそろえる
玉こんにゃく≫2～3分下ゆでする

作り方

① 深めのフライパンに新じゃがいも、Aを入れ、落としぶたをして5分煮込む。
② ①に玉こんにゃくを重ならないように並べ入れ、再び落としぶたをして10分煮込む。
③ 落としぶたをはずして混ぜながら煮詰める。水分が少なくなってきたら全体に煮汁を絡める。

Point

■じゃがいもの煮崩れを防ぐために、重ならないように煮てください。

⏱10min

05/06

照り焼きうずら

材料（作りやすい分量）

うずらの卵（水煮）…18個

A
- 酒…大さじ1
- みりん…大さじ1
- しょうゆ…大さじ1
- 砂糖…小さじ2

その他

冷蔵 2~3日間

OK

下ごしらえ

うずらの卵≫水気を切る

作り方

① フライパンにAを入れてとろみがつくまで中火で煮立たせる。

② うずらの卵を加えて煮絡める。

Point

■たれを煮詰めるほど味が絡みやすくなります。

⏱15min

05/07

絹さやのきんぴら

材料（2人分）

絹さや…80g

にんじん…50g

A
- 砂糖…大さじ½
- 酒…大さじ1
- みりん…大さじ1
- しょうゆ…大さじ1
- かつおだしの素…小さじ½

ごま油…大さじ½

白いりごま…大さじ½

野菜

冷蔵 2~3日間

OK

下ごしらえ

絹さや≫筋を取って、せん切り

にんじん≫せん切り

作り方

① フライパンにごま油を熱し、絹さやとにんじんを炒める。

② Aを加えて、水分を飛ばすように炒める。

③ 水分が飛んだら白いりごまを加えて混ぜる。

Point

■炒めすぎると食感が損なわれてしまうのでサッと炒めてくださいね。

05/08

たたき長いもと鶏ささみの梅ポンだれ

10min

冷蔵 2~3日間

肉

材料（2人分）

長いも…250g
鶏ささみ…3本
かいわれ大根…20g
梅干し…2個
酒…大さじ2
塩・こしょう…少々
A
— 砂糖…小さじ2
ポン酢…大さじ3
— ごま油…大さじ1

下ごしらえ

長いも》酢水（酢は水に対して3%、分量外）に10分ほどさらす
鶏ささみ》筋を取る
かいわれ大根》長さを半分に切る
梅干し》種を取って包丁でたたく

作り方

① 長いもをポリ袋に入れて、めん棒でたたく。
② 鶏ささみを耐熱容器に入れ、酒、塩・こしょうをなじませてふんわりラップをかけ、電子レンジ600Wで2分30秒加熱する。粗熱を取り、手で細かくほぐす。
③ ボウルに長いも、鶏ささみ、かいわれ大根、梅干し、Aを入れて混ぜ合わせる。

Point

■長いもはたたき具合によって食感が変わりますので、お好みに合わせて作ってみてくださいね。大きめにたたくと、よりシャキシャキ感を楽しめますよ。たたくことにより、味が染み込みやすくなる効果もあります。

05/09

ちくわのカラフル肉巻き

20min

材料（2人分）

ちくわ…4本
豚ロース薄切り肉…8枚
にんじん…20g
さやいんげん（冷凍）…4本
塩・こしょう…少々
小麦粉…適量
サラダ油…大さじ1
A ─みりん…大さじ2
　 ─しょうゆ…大さじ2

肉
冷蔵 2~3日間
OK

下ごしらえ

豚肉≫塩・こしょうをふる
にんじん≫ちくわの長さに合わせて棒状に切り、電子レンジ600Wで1分加熱する

作り方

① ちくわの穴に、にんじん1本といんげん2本をそれぞれ入れる。
② 豚肉を2枚少し重ねて広げ、①を置いて手前から巻きつけ、表面に薄く小麦粉をふる。同じものを4つ作る。
③ フライパンにサラダ油を熱し、②の巻終わりを下にして並べ入れ、転がしながら焼く。
④ 表面にこんがりと焼き色がついたらAを加え、転がしながら煮詰める。

Point
■さやいんげんは生のものを使っても作れますが、冷凍のものの方が硬く、ちくわに詰めやすいです。

@mikishi7283

05/10

たっぷりきのこのおかかしょうゆ炒め

15min

材料（2人分）

しいたけ…5枚
えのきだけ…½袋（100g）
エリンギ…1パック（100g）
長ねぎ…¼本
万能ねぎ…¼束
ごま油…大さじ1
赤唐辛子（輪切り）…½本
しょうゆ…大さじ2
だしの素…小さじ½
かつおぶし…5g

きのこ
冷蔵 4~5日間
OK

下ごしらえ

しいたけ≫厚めに切る
えのき≫3㎝長さに切る
エリンギ≫長さを3等分して薄切り
長ねぎ≫斜め薄切り
万能ねぎ≫小口切り

作り方

① フライパンにごま油を熱し、赤唐辛子、しいたけ、えのき、エリンギを入れ、しんなりするまで炒める。
② 長ねぎ、万能ねぎを加えてさらに炒め、長ねぎがしんなりしてきたらしょうゆ、だしの素を加えて炒め合わせる。
③ 火を止めてかつおぶしを混ぜ合わせる。

Point
■火を止めてからかつおぶしを入れるとダマになりにくいです。
■そのまま食べても、ご飯にのせても、厚揚げやパスタのトッピングなどに使ってもおいしいですよ。

05/11

大根とセロリのレモンピクルス

野菜
冷蔵 2〜3日間
OK

材料（2人分）

大根…1/4本（250g）
セロリ…1本（100g）
レモン（国産）…1/2個
塩…少々
〈ピクルス液〉
水…100㎖
酢…150㎖
砂糖…大さじ3
塩…小さじ1
ローリエ…1枚
赤唐辛子…1本

下ごしらえ

大根≫長さ5㎝、幅1.5㎝の拍子木切り
セロリ≫筋を取り5㎝長さに切る
レモン≫多めの塩（分量外）で揉むようにしながら表面をこすり、流水で塩を洗い流し、5㎜厚さの半月切り
赤唐辛子≫種を取り除く

作り方

① 鍋に湯を沸かして塩を加え、大根とセロリをサッとゆでてザルに上げ、粗熱を取る。
② 小鍋でピクルス液の材料とレモンを熱し、ひと煮立ちしたら火からおろして粗熱を取る。
③ 保存瓶に①、②を入れてふたをし、冷蔵庫で2〜3時間ほど漬け込む。

Point
■大根とセロリはシャキッとした食感を残すため、サッとゆでるのがポイントですよ。

05/12

鶏もも肉のはちみつレモンソテー

肉
冷蔵 2〜3日間
OK

材料（2人分）

鶏もも肉…2枚（500g）
塩・こしょう…少々
レモン（国産）…1/2個
A
はちみつ…大さじ1
粒マスタード…大さじ1
しょうゆ…小さじ2
オリーブオイル…大さじ1

下ごしらえ

鶏肉≫余分な皮と脂を取り除き、大きめの一口大に切って塩・こしょうを揉み込む
レモン≫多めの塩（分量外）で揉むようにしながら表面をこすり、流水で塩を洗い流し、3㎜厚さの半月切り
A≫混ぜ合わせる

作り方

① フライパンにオリーブオイルを熱し、鶏肉を皮目から並べ入れる。焼き色がついたら裏返し、ふたをして5分ほど蒸し焼きにする。
② 鶏肉に火が通ったら、キッチンペーパーで余分な油を拭き取り、レモンとAを加え、さっと煮絡める。

Point
■外国産のレモンを使用する場合は、防カビ剤や農薬が付着している可能性があるので、皮をむいてから使用してください。

05/13

豚肉の梅しょうが焼き

肉

冷凍 2週間

OK

材料（2袋分）

豚ロース肉（薄切り）…300g
カリカリ梅…6個
玉ねぎ…½個（100g）
酒…大さじ2
砂糖…大さじ1
A しょうゆ…大さじ2
みりん…大さじ2
しょうが（すりおろし）…大さじ1

下ごしらえ

カリカリ梅≫種を取り除き、粗みじん切り
玉ねぎ≫5㎜幅のくし形切り
A≫混ぜ合わせる

作り方

① 密閉保存袋2枚それぞれに、豚肉、梅、玉ねぎ、Aを半量ずつ加えて揉み込む。
② 袋の空気を抜きながら密閉するように口を閉じて冷凍庫で保存する。

食べるときは

食べる半日くらい前に冷蔵庫に移して半解凍しておきます。フライパンにサラダ油小さじ½を熱し、1袋入れ、ふたをして5分蒸し焼きにしたら、ふたをあけて水分がなくなるまで炒めてください。お好みで大葉を添えて。

05/14

なすのなーちゃん漬け

ご飯

冷蔵 1週間

OK

材料（2人分）

なす…3本
しょうが…1片
だし汁…100㎖
（だしの素…小さじ½
水…100㎖）
A しょうゆ…70㎖
酢…50㎖
みりん…50㎖
砂糖…大さじ2

下ごしらえ

なす≫小さめの乱切りにする。塩大さじ½（分量外）で揉み込む。15分ほど置き絞って水気を切る
しょうが≫せん切り

作り方

① 鍋にAを入れてひと煮立ちさせ、なすとしょうがを入れる。
② 煮立ったら火からおろし、15分ほど置いて粗熱を取る。

Point

■なすは煮込むとやわらかくなりとろけてしまうので、煮立ったらすぐ火からおろしてください。
■味がしっかりと染み込んでいるのでご飯のおともとして召し上がれ。

05/15

混ぜるだけで簡単！チキンライスの素

⏱15min　OK（電子レンジ）　冷凍2週間　ご飯

材料（2袋分）

鶏もも肉…300g
玉ねぎ…½個
にんじん…30g
ピーマン…1個
塩・こしょう…少々
A ケチャップ…大さじ3
　コンソメ…小さじ2
バター（無塩）…15g

下ごしらえ

鶏肉≫余分な筋と脂を取り除き、1cm角に切る
玉ねぎ、にんじん、ピーマン≫みじん切り

作り方

① フライパンを熱しバターを入れて溶かし、鶏肉に塩・こしょうをふり炒める。焼き色がついたら玉ねぎ、にんじん、ピーマンを加え火が通るまで炒める。

② Aを加え混ぜ、全体がなじんだら火からおろし、粗熱を取る。2等分にして密閉保存袋に入れ、しっかり空気を抜いて口を閉じ、冷凍庫で保存する。

保存＆食べるときは

冷蔵庫で半解凍し耐熱ボウルに入れてラップをふんわりとかけ、電子レンジ600Wで1袋につき2分加熱します。温かいご飯に混ぜて完成です（1袋に対して250gのご飯が目安です）。

05/16

パクチーのジェノベーゼソース

15min

材料（作りやすい分量）

パクチー…80g
カシューナッツ…30g
にんにく…1片
A 塩…小さじ½
A 粉チーズ…大さじ3
A オリーブオイル…100㎖

下ごしらえ

パクチー≫ざく切り
にんにく≫縦半分に切る

その他
冷蔵 2週間

作り方

① フライパンでカシューナッツを2〜3分ほど乾煎りし、粗熱を取る。
② フードプロセッサーにパクチー、①、Aを入れてペースト状になるまで撹拌する。

Point

■フードプロセッサーがない場合は、パクチーやナッツを包丁で細かく刻んで混ぜ合わせて作っても。
■作ったソースを瓶に注ぎ入れたあと、オリーブオイル大さじ1で膜を張ると酸化を防ぎ、鮮やかな色を保てます。冷蔵庫に入れるとオイルが固まりますが、加熱すると液体に戻ります。

05/17

たけのこきんぴら

15min

材料（2人分）

たけのこ（水煮）…120g
にんじん…½本（100g）
A みりん…大さじ½
A 砂糖…大さじ1
A しょうゆ…小さじ2
白いりごま…大さじ1
ごま油…小さじ2

下ごしらえ

たけのこ≫サッと熱湯をかけ、真ん中の部分をスプーンではがし、長さを半分にしてせん切り
にんじん≫せん切り

野菜
冷蔵 2〜3日間
OK

作り方

① フライパンにごま油を熱し、たけのこ、にんじんを炒める。
② しんなりしてきたら、Aを加えて煮詰め、白いりごまを加えてさっと炒め合わせる。

Point

■たけのこは、せん切りタイプのものを使うとさらに簡単です。
■輪切りにした赤唐辛子を入れてピリ辛に仕上げるのもおすすめです。

05/18

油揚げのポケット照り焼き

肉　冷蔵 2~3日間　OK

材料（6個分）

油揚げ…3枚

〈肉だね〉
- 豚ひき肉…250g
- 長ねぎ…1本
- 酒…大さじ1
- 塩・こしょう…少々
- 片栗粉…小さじ2
- しょうが（すりおろし）…小さじ1

A
- 酒…大さじ2
- 砂糖…大さじ1
- しょうゆ…大さじ1

ごま油…大さじ1

下ごしらえ

油揚げ≫熱湯をかけて油抜きし、半分に切って袋状に開く

長ねぎ≫みじん切り

作り方

① ボウルに肉だねの材料をすべて入れて粘りが出るまでよくこねる。6等分にし、油揚げに入れて平らにならす。

② ごま油を熱したフライパンで①をこんがりと両面焼き、ふたをして5分ほど蒸し焼きにする。

③ Aを入れて全体に煮絡める。

Point

■油揚げは菜箸で押しながら転がすときれいに開きます。

■Aに豆板醤を加えてピリ辛にするのもおすすめです。

05/19

豚きのこのバタポン炒め

肉　冷蔵 2~3日間　OK

材料（2人分）

- 豚こま切れ肉…150g
- 塩・こしょう…少々
- しめじ…1/2株
- えのきだけ…1袋（200g）
- しいたけ…2個
- 酒…大さじ1 1/2

A
- みりん…大さじ1
- ポン酢…大さじ2
- しょうゆ…大さじ1/2

サラダ油…大さじ1/2

バター（無塩）…適量

下ごしらえ

豚肉≫塩・こしょうをふる

しめじ、えのき≫石づきを切り落としてほぐす

しいたけ≫軸を取り薄切り

作り方

① フライパンにサラダ油を熱し、豚肉を炒める。肉の色が変わったらきのこ類を入れ、酒を加えてふたをし、中火で4~5分ほど蒸し焼きにする。

② ふたを開けて水分を飛ばし、Aを加えて炒める。熱いうちにバターをのせ、お好みで万能ねぎを散らす。

Point

■蒸し焼きにすると、きのこのうまみがお肉に染み込んで一層おいしくなります。

■しょうゆを減らしてポン酢を多めに入れると、さらにさっぱりとした味わいになります。

05/20

じゃがいもと牛肉のバターしょうゆ炒め

15min

肉

冷蔵 2~3日間

OK

材料（2人分）

- 牛こま切れ肉…150g
- じゃがいも…1個（150g）
- 酒…大さじ1
- しょうゆ…大さじ1
- 塩・こしょう…少々
- バター（無塩）…10g
- サラダ油…大さじ1/2
- 小口ねぎ…適量

下ごしらえ

牛肉≫3cm幅に切る

じゃがいも≫5mm幅の細切りにし、水にさらす

作り方

① フライパンにバター、サラダ油を熱し、牛肉を表面の色が変わるまで炒める。

② じゃがいもを加えて炒め、油がまわったら酒を加えて全体に火が通るまでさらに炒める。

③ しょうゆ、塩・こしょうを加えてサッと炒め合わせ、小口ねぎを飾る。

Point

■じゃがいもは水にさらしてから炒めてください。

05/21

セロリと大根の中華漬け

20min

野菜

冷蔵 2~3日間

OK

材料（2人分）

- 大根…1/3本（350g）
- セロリ…2/3本（100g）
- 塩…大さじ1

A
- みりん…50mℓ
- 酢…50mℓ
- しょうゆ…50mℓ
- 砂糖…大さじ3
- にんにく…1片
- 赤唐辛子（輪切り）…1本分
- 山椒（粒）…小さじ1
- ごま油…大さじ1

下ごしらえ

大根≫5cm長さの拍子木切り

セロリ≫筋を取り除き、長さ5cm幅1cmに切る

にんにく≫薄切り

作り方

① 鍋にAを入れて中火にかけ、ひと煮立ちさせたら火からおろし、粗熱を取る。

② 大根、セロリをボウルに入れて塩を揉み込み、15分置いて水気をしっかり取る。

③ 保存容器に①と②を入れ、冷蔵庫で2時間ほど漬ける。

Point

■大きさをそろえて切ることで均等に味がなじみます。

■お好みで八角を加えると、より風味よく仕上がります。

05/22

こっくり黒酢酢豚

25min

OK

冷蔵 2~3日間

肉

材料（2人分）

豚ロース肉（ブロック）…200g
A
- 酒…大さじ1
- しょうゆ…大さじ1
- こしょう…少々

片栗粉…適量
赤パプリカ…1/2個（80g）
玉ねぎ…1/2個（100g）
れんこん…150g
B
- 水…大さじ2
- 酒…大さじ2
- 砂糖…大さじ2
- 黒酢…大さじ2 1/2
- しょうゆ…大さじ1 1/2

水溶き片栗粉…大さじ1 1/2
（片栗粉…大さじ1/2
水…大さじ1）
サラダ油…適量

下ごしらえ

豚肉≫フォークで数か所穴を開け、3cm角に切る
パプリカ≫ひと口大の乱切り
玉ねぎ≫2cm厚さのくし形切り
れんこん≫ひと口大の乱切りにし、水に5分さらす

作り方

① ボウルに豚肉とAを入れ揉み込み、落としラップをして10分ほど置く。
② ①の余分な汁気を拭き取り、片栗粉を薄くまぶして180℃のサラダ油に入れ、カリッとするまで3~4分揚げる。
③ ②の揚げ油でパプリカ、玉ねぎ、れんこんをサッと素揚げする。
④ 別のフライパンにBを入れて加熱し、ひと煮立ちしたら弱火にして水溶き片栗粉を回し入れ、とろみをつける。
⑤ ④に②、③を入れて全体に絡める。

Point

- 豚肉はフォークで穴を開けてから下味を揉み込むとジューシーに仕上がります。
- 野菜は油がはねないように、水分をしっかり拭き取ってから素揚げしてくださいね。

05/23

塩さばフレークのオイル漬け

15min

材料（2人分）

塩さば…2枚
にんにく…1片
大葉…2枚
レモン（国産）…1/4個
オリーブオイル…適量
塩…少々
赤唐辛子（輪切り）…1本分

下ごしらえ

塩さば≫骨を除いて5cm幅に切る
にんにく≫薄切り
レモン≫いちょう切り

魚
冷蔵 4~5日間

作り方

① フライパンにオリーブオイル大さじ1（分量外）、にんにくを入れて香りが立つまで熱したらにんにくを取り出し、塩さばを皮目から並べて焼き色がつくまで焼く。

② ①の塩さばをボウルに入れてほぐし、塩を加え混ぜる。

③ ②を保存容器に入れ、取り出したにんにく、大葉をちぎり入れる。赤唐辛子、レモンを加えたら、オリーブオイルをひたひたになるまで注ぎ入れてふたをし、30分ほど冷蔵庫で寝かせる。

Point

■塩さばに焼き色をつけると香ばしく仕上がります。
■冷蔵庫で30分寝かせたあとからが食べごろです。

05/24

ナポリタンきんぴら

15min

材料（2人分）

にんじん…1/2本
ピーマン…2個
玉ねぎ…1/2個
ソーセージ…3本
しらたき…180g
塩・こしょう…少々
A 砂糖…小さじ1
A ケチャップ…大さじ1
A しょうゆ…小さじ1/2
A だしの素…小さじ1/2
白いりごま…大さじ1
バター（無塩）…10g

下ごしらえ

にんじん、ピーマン≫せん切り
玉ねぎ≫薄切り
ソーセージ≫輪切り
しらたき≫食べやすい長さに切ってアク抜きする

野菜
冷蔵 2~3日間
OK

作り方

① フライパンにバターを熱し、にんじん、ピーマン、玉ねぎ、ソーセージを塩・こしょうして炒める。

② しんなりとしてきたらしらたきを加える。

③ 水分が飛んだら、Aを加え、炒めて水分を飛ばし、白いりごまをふる。

Point

■お好みで輪切りの赤唐辛子を入れてピリ辛にするのもおいしいです。

05/25

手作り鮭フレーク

20min

材料（作りやすい分量）

生鮭…3切れ
酒…大さじ3
みりん…大さじ3
ごま油…小さじ1
しょうゆ…小さじ1
白いりごま…小さじ1

下ごしらえ

生鮭≫骨を取り除く

ご飯
冷蔵 5日間
OK（電子レンジ）

作り方

① フライパンに鮭、酒、みりんを入れて5分煮る。
② 鮭の皮を取り除き、木ベラで崩しながら炒めて水分を飛ばす。
③ ごま油、しょうゆ、白ごまを加え、全体をよく混ぜる。

Point

■鮭は酒とみりんで煮ながら加熱すると、ふっくらおいしく仕上がります。
■ご飯のおともにはもちろん、パスタやサンドイッチなどにアレンジしてもおいしく召し上がれます。

05/26

なめたけなめこ

10min

材料（作りやすい分量）

なめこ…2袋（200g）
切り昆布…5g
しょうゆ…大さじ4
酒…大さじ2
みりん…大さじ2
水…200mℓ

下ごしらえ

なめこ≫水洗いする

ご飯
冷蔵 2~3日間

作り方

① 鍋になめこ、切り昆布、水を入れてふたをし、ふつふつするまでゆでる。
② 切り昆布が戻ったらしょうゆ、酒、みりんを加えてふたをし、さらに5分煮込む。

Point

■鍋から水分が吹きこぼれるおそれがあるので、ふたを少し開けて様子をみながら煮込んでください。

05/27

大根のベーコン巻きステーキ

野菜
冷蔵 2~3日間
OK（電子レンジ）

20min

材料（2人分）

大根…8cm（200g）
ベーコン（ハーフ）…8枚
オイスターソース…大さじ1
しょうゆ…小さじ1
塩…少々
粗びき黒こしょう…少々
サラダ油…大さじ½

下ごしらえ

大根≫2cm厚さの半月切り

作り方

①耐熱容器に大根を入れ、大根の半分の高さまで水を注ぐ。ふんわりラップをかけて電子レンジ600Wで8分加熱し、竹串がスッと通ったらしっかり水気を切る。
②ベーコンを広げ、①をのせて巻き、巻き終わりを爪楊枝で留める。残りも同様に巻き、全体に塩、黒こしょうをふる。
③フライパンにサラダ油を熱し、②を並べ入れて両面こんがりと焼く。
④オイスターソース、しょうゆを回し入れ、サッと絡める。

Point
■大根は水を加えてレンジで加熱すると、焼く時間を短縮できます。

05/28

春雨の酢の物

野菜
冷蔵 2~3日間

10min

材料（2人分）

春雨（乾燥）…50g
卵…1個
ハム…3枚
きゅうり…½本（50g）
にんじん…20g
A 砂糖…大さじ3
酢…大さじ3
薄口しょうゆ…大さじ1½
白いりごま…大さじ1
ごま油…大さじ1

下ごしらえ

ハム≫細切り
きゅうり、にんじん≫せん切りにして塩（分量外）を加えて揉み込み、しんなりしたら水気をしっかり絞って切る。
A≫混ぜ合わせる

作り方

①ボウルに卵を割りほぐして、ラップを敷いた平らな皿に流し入れる。ラップをせずに電子レンジ600Wで1分30秒加熱し、粗熱を取って細切りにする。
②耐熱容器に春雨とかぶるくらいの水を入れて電子レンジで5分加熱する。取り出してザルにあけ、水気を切りボウルに移す。
③②のボウルにハム、きゅうり、にんじん、①、Aを加え、よく和える。

Point
■きゅうりとにんじんは塩揉みすると味がなじみやすくなります。

05/29

基本のピクルス

⏱30min　OK（電子レンジ）　冷蔵 2～3日間　野菜

材料（作りやすい分量）

カリフラワー…1/3株（150g）
セロリ…1本（100g）
にんじん…1本（150g）
赤パプリカ…1個（150g）
きゅうり…1本（100g）
〈ピクルス液〉
酢…500mℓ
水…150mℓ
砂糖…大さじ4（約50g）
塩…小さじ2
黒こしょう（ホール）…10粒
赤唐辛子…1本
ローリエ…2枚

下ごしらえ

カリフラワー》食べやすい大きさに切る
セロリ》4cm長さの短冊切り
にんじん》4cm長さの拍子木切り
パプリカ、きゅうり》乱切り

作り方

① 小鍋にピクルス液の材料をすべて入れ、火にかける。ひと煮立ちしたら火からおろし、さます。
② 別の鍋に湯を沸かし、塩少々（分量外）と野菜を入れてかためにゆで、ザルに上げて粗熱を取る。
③ 保存瓶に②の野菜を入れ、①のピクルス液を野菜がひたるまで注ぎ入れて冷蔵庫で漬け込む。

Point

- 漬け込んだ翌日からが食べごろです！
- 漬け込む野菜の種類を替えたり、ピクルス液にカレー粉や昆布を入れることでバリエーションが広がりますよ。

⏱20min

05/30

ふんわりはんぺんの磯辺つくね

肉

冷蔵
2~3
日間

OK

材料（2人分）

はんぺん…1枚（100g）
鶏ひき肉…200g
大葉…4枚
焼きのり…適量
塩・こしょう…少々
みりん…大さじ2
しょうゆ…大さじ1
サラダ油…大さじ1

下ごしらえ

はんぺん≫袋のままめん棒でたたいて潰す
大葉≫みじん切り
焼きのり≫短冊状にカットする

作り方

① ボウルにはんぺん、ひき肉、大葉、塩・こしょうを入れて粘りが出るまでよく混ぜ合わせる。
② ①を丸く成形し、焼きのりを巻く。
③ フライパンにサラダ油を熱し、②を並べ入れて両面こんがりと焼く。
④ みりん、しょうゆを合わせて加え、全体に絡める。

Point
■焼き色をつけて香ばしく仕上げるのがポイントです。

⏱15min

05/31

とろとろなすのわさびポン酢あえ

野菜

冷蔵
2~3
日間

OK

材料（2人分）

なす…3本
A 長ねぎ…½本
A 砂糖…小さじ1
A ポン酢…大さじ3
A わさび…小さじ2
サラダ油…適量

下ごしらえ

なす≫縦半分に切ってから斜めに切れ目を入れ、長さを3等分に切る
長ねぎ≫みじん切り

作り方

① フライパンに深さ1㎝ほどサラダ油を入れて170℃に熱し、なすを並べ入れる。両面2~3分ずつ揚げ焼きにする。
② ボウルにAを入れてよく混ぜ、①を加えてあえる。

Point
■なすが熱いうちに調味料と和えることでわさびの辛さが飛び、風味を楽しむことができます。
■わさびの量はお好みで調節してみてくださいね。

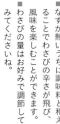

Column 8

作りおきおかずは お弁当でも大活躍！

時間がない朝でも、作りおきおかずを使えばすぐに手作りのお弁当が出来上がります。ここでは、お弁当におかずを入れるときのルールときれいに詰めるコツをご紹介します。

作りおきおかずをお弁当に入れるときのルール

1. お弁当箱を洗ったあと、水気をしっかり拭き取る
2. 電子レンジで温め直して、完全にさましてから入れる
3. おかずの汁気はしっかり切って、おかずカップで仕切りながら入れる
4. おかずを詰めるときは、素手ではなく清潔な箸を使う

お弁当を食べるまでのPOINT

- なるべく涼しいところで保管して早めに食べる
- 暑い時期や長時間持ち歩くときは、保冷剤や抗菌シートを使用すると食中毒の予防に

お弁当をきれいに詰めるコツ

Tips 1 大きいおかずから順番に入れる

Tips 2 赤・黄・緑の3色を入れる

Tips 3 同じ色のおかずが隣同士にならないようにする

Tips 4 茶色いおかずの隣には緑・黄のおかずを入れる

Tips 5 ふたで潰れないように詰める

06/01

ゆず塩サラダチキン

肉

冷蔵 2~3日間

OK

材料（2人分）

- 鶏むね肉…2枚
- 砂糖…小さじ1
- 塩…小さじ½
- ゆずこしょう…小さじ1

下ごしらえ

鶏肉≫常温に戻し、皮を取り除く

作り方

① 鶏肉の両面にフォークで穴を開け、砂糖をふって揉み込む。塩、ゆずこしょうをまぶしてさらに揉む。

② ①を密閉保存袋に入れ、空気を抜いて口をしっかり閉じる。

③ 炊飯器の内釜に②を袋のまま入れ、沸騰した湯をかぶるまで注ぐ。ふたをしめ、1時間保温する。

Point

■お皿などで重しをして、お肉全体がしっかり湯に浸かるようにしてくださいね。

■蒸気口が塞がったり、温度が上がりすぎたりすると炊飯器が故障するおそれがあります。異常を感じたら加熱を中止してください。

06/02

ふわふわはんぺんの磯辺肉巻き

肉

冷蔵 2~3日間

OK

材料（2人分）

- はんぺん…2枚
- 豚バラ肉（薄切り）…6枚
- 塩・こしょう…少々
- のり…全形1枚
- サラダ油…大さじ½
- A 酒…大さじ2
- A みりん…大さじ2
- A 砂糖…大さじ1½
- A しょうゆ…大さじ2

下ごしらえ

はんぺん≫3等分に切る

豚肉≫塩・こしょうをふる

のり≫6等分に切る

作り方

① 豚肉を広げ、のりとはんぺんをのせ、手前から巻き上げる。

② フライパンにサラダ油を熱し、①の巻き終わりを下にして3分焼く。こんがりと焼き色がついたら、裏返してさらに2分焼く。

③ 余分な油を拭き取り、Aを入れて絡めながら煮詰める。

Point

■豚バラ肉とはんぺんにこんがりと焼き色をつけると、香ばしい肉巻きに仕上がります。

■お好みでのりの代わりにチーズや大葉を一緒に巻いてもおいしいですよ。

06/03

ししゃもの南蛮漬け

30min

OK

冷蔵 2~3日間

魚

材料(2人分)

ししゃも…16匹
玉ねぎ…1/2個
にんじん…1/4本
ピーマン…1個
塩・こしょう…少々
小麦粉…適量
サラダ油…適量
水…200ml
〈南蛮酢〉
酢…大さじ3
みりん…大さじ1
砂糖…大さじ2
しょうゆ…大さじ2
赤唐辛子(輪切り)…少々

下ごしらえ

玉ねぎ、にんじん、ピーマン»せん切り

作り方

① ポリ袋にししゃも、塩・こしょう、小麦粉を入れ、袋の上から全体をなじませる。
② フライパンにサラダ油を深さ1cm入れて170℃に熱し、ししゃもを揚げ焼きにしてバットへ移し、油を切る。
③ 小鍋に水を入れ、沸騰したら南蛮酢の材料を加えてひと煮立ちさせる。
④ ししゃもが入ったバットに玉ねぎ、にんじん、ピーマンを入れ、熱いうちに③を流し入れ、10~15分置く。

Point

■ 野菜は食感を残すため、南蛮酢の余熱で火を通します。
■ 2日目、3日目と時間が経つほどに味がなじんでおいしくなりますよ。

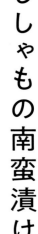

⏱20min

06/04

揚げないソースとんかつ

肉
冷蔵 3~4日間
OK

材料（2人分）

豚ロース肉（とんかつ用）…300g
塩・こしょう…少々
水溶き小麦粉…大さじ3
（小麦粉…50g
水…大さじ3）
パン粉…30g
サラダ油…大さじ1
A
- 水…大さじ2
- 中濃ソース…大さじ3
- みりん…大さじ1
- 砂糖…大さじ1
- しょうゆ…小さじ2

下ごしらえ

豚肉≫包丁の背でたたき、ひと口大に切り、塩・こしょうをふる

作り方

① フライパンにパン粉とサラダ油を入れて熱し、きつね色になるまで炒める。
② 豚肉に水溶き小麦粉を付け、①のパン粉をまぶす。サラダ油（分量外）を塗った天板にのせてトースターで8~10分焼く。
③ 耐熱ボウルにAを混ぜ合わせ、電子レンジ600Wで2分加熱する。
④ ②を③のソースにくぐらせる。お好みで白いりごまをふる。

Point
■とんかつが熱いうちにソースだれに浸けると、しっかり味が染み込んでしっとりと仕上がります。

⏱10min

06/05

ひじきと枝豆のペペロンチーノ

その他
冷蔵 2~3日間
OK

材料（2人分）

乾燥長ひじき…20g
むき枝豆…50g
赤唐辛子（輪切り）…1本分
にんにく…1片
オリーブオイル…大さじ2
水…大さじ1
塩…小さじ¼

下ごしらえ

乾燥長ひじき≫水で戻す
にんにく≫みじん切り

作り方

① フライパンにオリーブオイル、赤唐辛子、にんにくを熱し、香りが立つまで炒める。
② ひじき、枝豆を加えてサッと炒め、水、塩を加えて水分がなくなるまで炒める。

Point
■ひじきはしっかりと水気を切ってください。

06/06

鶏こんにゃくそぼろ

肉

冷蔵 2~3日間

OK

材料（2人分）

鶏ひき肉…250g
こんにゃく…1枚（200g）
しいたけ…2枚
酒…大さじ1
しょうが（すりおろし）…小さじ½
A みりん…大さじ2
A 砂糖…大さじ1
A しょうゆ…大さじ2

下ごしらえ

こんにゃく≫アク抜きをし、5mm角に切る
しいたけ≫粗みじん切り

作り方

① フライパンにひき肉、しいたけ、酒、しょうがを入れて炒める。
② ひき肉の色が変わってきたら、こんにゃくを加えて1分ほど炒める。
③ Aを加えて煮詰める。

Point

■レシピでは鶏むねひき肉を使用しています。鶏ももひき肉でもおいしく作れます。

06/07

ザクザクニラしょうゆ

ご飯

冷蔵 5日間

材料（作りやすい分量）

ミックスナッツ…15g
ニラ…½束（50g）
みりん…大さじ3
A しょうゆ…大さじ5
A ごま油…大さじ1
A 赤唐辛子（輪切り）…少々
A にんにく…1片
白いりごま…大さじ1

下ごしらえ

ミックスナッツ≫フライパンで乾煎りし、細かく砕く
ニラ≫刻む
にんにく≫薄切り

作り方

① 耐熱ボウルにみりんを入れ、ふんわりとラップをかけて電子レンジ600Wで1分加熱し、アルコールを飛ばす。
② 保存瓶にミックスナッツ、ニラ、①のみりん、Aを入れ、混ぜ合わせる。

Point

■みりんは吹きこぼれないように少し大きめの耐熱ボウルに入れて加熱してください。
■ご飯にはもちろん、豆腐や餃子、お刺身にも合うのでアレンジを楽しんでくださいね。

鶏ささみの梅のり蒲焼き

⏱20min

OK（電子レンジ）

冷蔵 2~3日間

肉

材料（2人分）

鶏ささみ…5本
酒…大さじ1
塩・こしょう…少々
焼きのり…適量
小麦粉…適量
梅干し…2個
A 酒…大さじ2
　みりん…大さじ2
　砂糖…小さじ2
　しょうゆ…大さじ2
サラダ油…大さじ1

下ごしらえ

鶏ささみ≫筋を取り、観音開きにして浅く切れ目を入れる。酒、塩・こしょうをふる
焼きのり≫鶏ささみの大きさに合わせて切る
梅干し≫種を取って、包丁でたたく
A≫混ぜ合わせる

作り方

① 鶏ささみの片面に焼きのりを貼りつけて、全体に小麦粉をまぶす。
② フライパンにサラダ油を熱し、①の焼きのりの面を下にして並べ入れ、焼き色がついたら裏返してさらに焼く。
③ Aを回し入れて、とろみがつくまで十分に絡ませる。

Point
■焼く際にのりがはがれないよう、最初はあまり触らずにじっくり焼いてくださいね。
■小さく切ってお弁当のおかずにしても。

06/09

ベジタブル肉みそ

20min

材料（作りやすい分量）
豚ひき肉…100g
なす…1本（100g）
ごぼう…15g
大葉…20枚
白いりごま…大さじ2
A
きび砂糖…大さじ3
酒…大さじ1
みりん…大さじ2
しょうゆ…小さじ1
合わせみそ…大さじ3
サラダ油…大さじ1

肉
冷蔵 2〜3日間
OK

下ごしらえ
なす≫さいの目切り
ごぼう≫粗みじん切りにして水にさらす
大葉≫1cm角に切る

作り方
1. フライパンにサラダ油を熱し、ひき肉を入れて炒める。
2. ひき肉に火が通ったら、なすとごぼうを加えてさらに炒める。
3. なすがしんなりしてきたら、火を弱めてAを加える。
4. 全体にみそが絡んだら、大葉と白いりごまを加えて混ぜる。

Point
■みそは焦げやすいので、必ず弱火で調理してください。
■砂糖の量はお好みで調節してくださいね。

@4kaochan

06/10

簡単タンドリーチキン

25min

材料（2人分）
鶏むね肉…2枚（500g）
A
ヨーグルト…大さじ3
ケチャップ…大さじ3
はちみつ…大さじ3
カレー粉…大さじ2
塩…小さじ½
粗びき黒こしょう…少々
にんにく（すりおろし）…小さじ1

肉
冷凍 2週間
OK

下ごしらえ
鶏肉≫筋と余分な脂を取り除き、縦半分に切ってからそぎ切り

作り方
1. 密閉保存袋に鶏肉、Aを入れてよく揉み込む。
2. 鶏肉が重ならないように平らにして、空気を抜きながら口を閉じ、冷凍庫で保存する。

食べるときは
冷蔵庫で半解凍し、アルミホイルを敷いた天板に並べてトースターで10分焼きます。一度取り出してアルミホイルをかぶせ、さらに10分焼いてください。

Point
■トースターの代わりに、オーブンやフライパンで焼いてもおいしく作れます。

30min

06/11

オクラとまいたけの肉巻き

肉
冷蔵 2〜3日間
OK

材料（2人分）

豚ロース肉薄切り…10枚（250g）
塩・こしょう…少々
片栗粉…適量
オクラ…5本
まいたけ…½パック（50g）
—A—
みりん…大さじ2
砂糖…大さじ2
しょうゆ…大さじ2
にんにく（すりおろし）…小さじ½
—
サラダ油…大さじ1

下ごしらえ

豚肉≫塩・こしょうをふる
オクラ≫塩揉みしてヘタとガクを切り落とす
まいたけ≫手でほぐす
A≫混ぜ合わせる

作り方

① 豚肉を広げ、オクラ1本とまいたけ5分の1量をそれぞれのせて巻き、片栗粉を薄くまぶす。同じものを5個ずつ作る。
② フライパンにサラダ油を熱し、①の巻き終わりを下にして並べ入れる。巻き終わりが焼き固まったら、転がしながら全体に焼き色がつくまで加熱する。
③ Aを入れて、煮汁がなくなるまで煮絡める。

Point
■片栗粉を肉にまぶすことで、肉汁を閉じ込めジューシーに仕上がります。

@aya_aya1128

20min

06/12

ベーコン巻きハンバーグ

肉
冷蔵 2〜3日間
OK

材料（2人分）

ベーコン…4枚
合いびき肉…300g
—A—
玉ねぎ…½個
パン粉…大さじ3
牛乳…大さじ2
卵…1個
塩…少々
黒こしょう…少々
—B—
玉ねぎ（すりおろし）…½個分
酒…大さじ2
砂糖…大さじ2
しょうゆ…大さじ2
片栗粉…小さじ½
水…小さじ1
—
サラダ油…大さじ1

下ごしらえ

パン粉≫牛乳にひたす
玉ねぎ（A）≫みじん切りにし、電子レンジ600Wで1分加熱して粗熱を取る
ベーコン≫縦半分に切る

作り方

① ボウルでAを粘りが出るまでこねて8等分し、丸く成形する。
② ベーコンの片面に片栗粉（分量外）をまぶし、まぶした面を内側にして、①に巻きつけ、巻き終わりをつまようじで留める。
③ フライパンにサラダ油を熱し、②を並べ入れて焼き目がついたら裏返し、ふたをして弱めの中火で7分蒸し焼きにする。
④ Bを加えて絡めながら水分をとばす。

06/13

豚こまボールのごろごろ酢豚

20min

OK

冷蔵 2~3日間

肉

材料（2人分）

豚こま切れ肉…300g
玉ねぎ…½個（200g）
赤パプリカ…1個（150g）
塩・こしょう…少々
酒…大さじ2
片栗粉…適量
サラダ油…適量

A
砂糖…大さじ2
ケチャップ…大さじ2
酢…大さじ3
しょうゆ…大さじ1
しょうが（すりおろし）…小さじ1

下ごしらえ

玉ねぎ » 1cm厚さのくし形切り
パプリカ » 乱切り
A » 混ぜ合わせる

作り方

① 豚肉に塩・こしょう、酒を揉み込む。ひと口大にぎゅっと丸め、表面に片栗粉をまぶす。
② フライパンにサラダ油を多めに入れて170℃に熱し、①を揚げ焼きにして一度取り出す。
③ フライパンの余分な油をキッチンペーパーで拭き取り、玉ねぎ、パプリカを入れてサッと炒める。
④ 全体に油がまわったら②を戻し入れ、Aを加えて全体に絡める。

Point

- 豚こま肉は形がくずれないようにぎゅっと丸めてくださいね！
- 野菜も多めの油でサッと揚げ焼きにすると、よりシャキッとした食感が残ります。
- 肉に下味をしっかりと付けるので、冷めてもおいしく、お弁当にもおすすめです。

25min

06/14

ころころじゃがいも焼き

野菜
冷蔵 2~3日間
OK

材料(2人分)

じゃがいも…3個(300g)
コーン缶…80g
ソーセージ…3本
マヨネーズ…大さじ2
粉チーズ…大さじ2
塩・こしょう…少々

下ごしらえ

じゃがいも≫ひと口大に切る
コーン≫水気を切る
ソーセージ≫4等分に切る

作り方

① じゃがいもを耐熱ボウルに入れ、ふんわりとラップをかけて電子レンジ600Wで6~7分加熱し、熱いうちに潰す。
② ①にコーン、マヨネーズ、粉チーズ、塩・こしょうを加えて混ぜ合わせる。12等分にし、中心にソーセージを詰めて丸める。
③ アルミホイルを敷いた天板に②を並べ、トースターで10分ほど焼く。

Point

■カリッと仕上げたい場合は少量の油で揚げ焼きにしても。
■トースターによって加熱時間が異なりますので様子をみて調整してくださいね。
■カレー粉や青のりを加えて味を変えるのもおすすめです。

15min

06/15

ひらひらにんじんの明太子炒め

野菜
冷蔵 2~3日間
OK

材料(2人分)

にんじん…1本
明太子…1本(30g)
塩・こしょう…少々
みりん…小さじ1
しょうゆ…小さじ1/2
ごま油…小さじ2

下ごしらえ

にんじん≫ピーラーでスライスする
明太子≫薄皮から取り出し、ほぐす

作り方

① フライパンにごま油を熱し、にんじん、塩・こしょうを入れて炒める。
② にんじんがしんなりとしてきたらみりんを加え、明太子を入れて炒める。
③ しょうゆを加えサッと炒める。

Point

■にんじんはせん切りにして食感を楽しむのもおすすめです。

06/16

大葉香る切り干し大根

材料（2人分）

切り干し大根（乾燥）…30g
油揚げ…1枚
大葉…5枚
梅干し…1個（15〜20g）
砂糖…小さじ1
ポン酢…大さじ3

野菜
冷蔵 2〜3日間
OK

下ごしらえ

切り干し大根≫揉み洗いしたあと、水に20分ほど浸けて戻す。水気を切り、食べやすい長さに切る
油揚げ≫熱湯を回しかけ、粗熱を取って水気を拭き取り、5㎜幅に切る
大葉≫せん切り
梅干し≫種を取り除き、包丁でたたく

作り方

ボウルに切り干し大根、油揚げ、大葉を入れて混ぜ合わせ、砂糖、梅肉、ポン酢を加えて和える。

Point
■切り干し大根は水気をしっかり絞ると味がなじみやすくなりますよ。
■お好みでみょうがを入れると、よりさっぱりとした味に仕上がります。

06/17

焼きねぎの香ばしおひたし

材料（2人分）

長ねぎ…3本
ごま油…大さじ1
A
　酒…大さじ2
　みりん…大さじ2
　砂糖…大さじ1
　しょうゆ…大さじ2
　水…100㎖
　だしの素…小さじ½
赤唐辛子…1本

野菜
冷蔵 3〜4日間
OK

下ごしらえ

長ねぎ≫5㎝長さに切る

作り方

① フライパンにごま油を熱し、長ねぎを並べて強めの中火で表面に焼き目をつけたら取り出す。
② フライパンをきれいにしてAを入れ、煮立たせる。
③ 保存容器に①を入れて②をかける。

Point
■長ねぎの表面にしっかり焼き目をつけると香ばしいおひたしに仕上がります。

06/18

ぷりぷり鶏チリ

20min

材料（2人分）

鶏むね肉…1枚（300g）

A
- 塩・こしょう…少々
- 片栗粉…大さじ1
- 酒…大さじ1

サラダ油…大さじ1
長ねぎ…1本
しょうが（すりおろし）…小さじ1
にんにく（すりおろし）…小さじ1
豆板醤…小さじ1

B
- 砂糖…大さじ1
- 鶏ガラスープの素…小さじ1
- 酒…大さじ1
- ケチャップ…大さじ4
- 水…100㎖

水溶き片栗粉…大さじ1
（水…大さじ1
片栗粉…小さじ2）

肉
冷蔵 2~3日間
OK

下ごしらえ

鶏肉≫余分な皮と脂身を取り除き、ひと口大のそぎ切りにしてAをまぶして揉み込む
長ねぎ≫みじん切り

作り方

① フライパンにサラダ油を熱し、鶏肉を入れて両面こんがりと焼き色がつくまで焼く。
② 鶏肉を一度取り出し、長ねぎ、しょうが、にんにく、豆板醤を炒める。しんなりしたらBを加えて加熱し、煮立ったら鶏肉を戻し入れる。
③ 火を弱め、水溶き片栗粉を加えてとろみをつける。

06/19

ししとうの梅おかか豚肉巻き

30min

材料（2人分）

豚バラ肉（薄切り）…4枚
塩・こしょう…少々
ししとう…8本（80g）
酒…大さじ1
ごま油…大さじ1

A
- かつおぶし…3パック（10g）
- 梅干し…3個
- みりん…小さじ1½
- しょうゆ…小さじ½

肉
冷蔵 2~3日間
OK

下ごしらえ

豚肉≫長さを半分にし、塩・こしょうをふる
梅干し≫種を取り、包丁でたたく
ししとう≫ヘタを取り、縦に切り込みを入れる
A≫混ぜ合わせる

作り方

① ししとうの切り込みにAを詰める。
② 豚肉を広げ、①をのせて巻く。残りも同様に巻く。
③ フライパンにごま油を熱し、②の巻き終わりを下にして並べ入れる。全体に焼き色をつけたら酒を回し入れ、ふたをして2～3分蒸し焼きにする。

Point

■ししとうが小さい場合は、つまようじや竹串でAを詰めると簡単です。
■しっかりとした味付けなので冷めてもおいしく、お弁当にもおすすめです。

06/20

和風きのこパスタ

20min

麺

冷凍 2週間

OK

材料（6個分）

スパゲッティ…100g
しめじ…30g
しいたけ…1本
ベーコン（ハーフ）…20g
白だし…大さじ2
水…200ml
塩…少々
粗びき黒こしょう…少々
ごま油…大さじ½

下ごしらえ

しめじ≫石づきを切り落としてほぐす
しいたけ≫軸を落とし、薄切り
ベーコン≫1cm幅に切る

作り方

① フライパンにごま油を熱し、しめじ、しいたけ、ベーコンを炒める。
② しんなりしてきたら半分に折ったスパゲッティ、白だし、水を加えて、スパゲッティが水に浸るようにならす。
③ ふたをして表記時間通りにゆでる。ふたを開けて水分が飛ぶように炒め、塩、黒こしょうで味を調える。
④ カップに移して保存容器に入れ、粗熱を取ってからふたを閉め、冷凍庫で保存する。

食べるときは

お弁当に入れる際は半日前に冷蔵庫に移して解凍し、電子レンジ600Wで30秒～1分ほど加熱し、粗熱を取ってから詰めてください。

06/21

豚バラ肉とゴーヤのキムチ炒め

15min

肉

冷蔵 2~3日間

OK

材料（2人分）

豚バラ肉（薄切り）…150g
塩・こしょう…少々
ゴーヤ…1本（250g）
ニラ…½束
白菜キムチ…100g
ごま油…大さじ1

下ごしらえ

豚肉≫3cm幅に切り、塩・こしょうをふる
ゴーヤ≫7mm厚さの薄切り。塩少々（分量外）をふり、10分置き、水で洗ってザルに上げ、水気を切る
ニラ≫根元を落として3cm長さに切る
キムチ≫軽く汁気を切って食べやすい大きさに切る

作り方

① フライパンにごま油を熱し、豚肉を入れて炒める。肉の色が変わったらゴーヤを加え、色鮮やかになるまで炒める。
② ニラ、キムチを加えてサッと炒め合わせる。

Point

■ゴーヤの苦味を取りたいときは、サッと塩ゆですると○。
■豚バラ肉の代わりにちくわや厚揚げで作っても。

06/22

豚バラ肉とズッキーニのピリ辛炒め

OK 冷蔵 2~3日間 肉

材料（2人分）

豚バラ肉（薄切り）…150g
塩・こしょう…少々
ズッキーニ…2本
玉ねぎ…½個
しょうが（すりおろし）…小さじ1
にんにく（すりおろし）…小さじ½
ごま油…大さじ1
A
酒…大さじ1
砂糖…小さじ1
しょうゆ…大さじ1
コチュジャン…大さじ1

下ごしらえ

豚肉≫4cm幅に切り、塩・こしょうをふる
ズッキーニ≫1cm厚さの半月切り
玉ねぎ≫1cm厚さのくし形切り

作り方

① フライパンにごま油を熱し、しょうがとにんにくを入れて弱火で炒める。香りが立ったら、豚肉、玉ねぎを加えて中火で炒める。
② 肉の色が変わったら、ズッキーニを加えて3分ほど炒める。
③ Aを加え、水分がなくなるまでさらに炒める。

Point

■お好みでコチュジャンの量を調節してくださいね。

06/23

ねぎだく豚しゃぶ

材料（2人分）

豚もも肉（薄切り）…250g
片栗粉…適量
塩…小さじ½
酒…大さじ2
長ねぎ…1本
A
しょうが（すりおろし）…小さじ1
砂糖…大さじ2
酢…大さじ1
しょうゆ…大さじ3
ごま油…大さじ1
白いりごま…大さじ1

下ごしらえ

長ねぎ≫みじん切りにして電子レンジ600Wで30秒加熱する

肉
冷蔵 2~3日間

作り方

① 長ねぎにAを混ぜ合わせる。
② 鍋にたっぷりの湯を沸かし、塩と酒を加えてかき混ぜ火を止める。
③ 豚肉に片栗粉をまぶし、余分な粉をはたいて1枚ずつ広げて②に入れ、箸でゆらしながら色が変わるまでゆでる。ゆで上がったらザルに上げて水気を切る。
④ ③を①に入れて混ぜ合わせる。

Point

■豚肉は片栗粉をうすくまぶすと食感がよくなります。また、塩と酒を加えた湯でゆでるとくさみが消えて食べやすくなります。
■肉を一度に入れる枚数は5~6枚を目安に。温度が下がってしまった場合は、温め直し、また火を止めてゆでましょう。

06/24

ブロッコリーの照り焼きミートボール

材料（2人分）

ブロッコリー…¼株
合いびき肉…150g
A
玉ねぎ…⅛個
パン粉…大さじ2
牛乳…大さじ1
溶き卵…½個分
塩・こしょう…少々
サラダ油…適量
B
酒…大さじ2
みりん…大さじ1
砂糖…大さじ½
しょうゆ…大さじ2

下ごしらえ

ブロッコリー≫小房に分け、かために下ゆでする
玉ねぎ≫みじん切り
パン粉≫牛乳にひたす

肉
冷凍 2週間
OK

作り方

① ボウルにAをすべて入れ、よく混ぜ合わせる。ひき肉を加えて、粘りが出るまでこねる。
② ①を6等分にしてブロッコリーを6分の1量ずつ包んで丸める。
③ フライパンにサラダ油を深さ0.5cmほど入れて170℃に熱し、②を5~7分揚げ焼きにする。
④ 別のフライパンにBをひと煮立ちさせ、③を加えて絡める。

保存&食べるときは

粗熱が取れたら1個ずつおかずカップに移し、保存容器に入れてふたをし冷凍庫で保存。お弁当に入れる際は半日前に冷蔵庫に移して解凍し、電子レンジ600Wで30秒~1分ほど加熱して、粗熱を取ってから詰めてください。

06/25

しょうがときゅうりの漬物

15min

野菜
冷蔵 2〜3日間
OK

材料（作りやすい分量）

きゅうり…3本（300g）
塩…小さじ1
しょうが…1片
塩昆布…大さじ2
A
酒…大さじ1
砂糖…45g
しょうゆ…75mℓ
酢…大さじ2

下ごしらえ

きゅうり≫7〜8mm厚さの輪切りにし、塩揉み。15〜20分置いて水気を絞って切る
しょうが≫せん切り

作り方

① 鍋にAを入れて火にかけ、ひと煮立ちしたらきゅうり、しょうが、塩昆布を加える。
② 再び沸いたら火からおろし、そのまま1時間ほど置いて粗熱を取る。

Point
■きゅうりは食感を残すため、サッと煮るのがポイントです。
■お好みで輪切りの赤唐辛子を入れてピリ辛にするのもおすすめです。

06/26

めかじきのマスタードしょうゆソテー

15min

魚
冷蔵 2〜3日間
OK

材料（2人分）

めかじき…2切れ
塩・こしょう…少々
A
酒…大さじ1
しょうゆ…大さじ1
粒マスタード…大さじ1
サラダ油…大さじ½

下ごしらえ

めかじき≫塩・こしょうをふる
A≫混ぜ合わせる

作り方

① フライパンにサラダ油を熱し、めかじきを入れて両面にこんがりと焼き色がつくまで加熱する。
② Aを加え、煮詰めながらめかじきに絡ませる。

Point
■めかじきは強火で加熱しすぎると、パサついた食感になってしまうので、中火で片面2〜3分ずつ焼くのがおすすめです。

@hiro71111

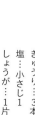

06/27

きのことしらたきのピリ辛炒め

20min

きのこ

冷蔵 2~3日間

OK

材料（2人分）

しいたけ…4枚
えのきだけ…½パック
しめじ…½パック
しらたき…1袋（200g）
赤唐辛子（輪切り）…小さじ½
A 酒…大さじ2
A みりん…大さじ1
A 砂糖…大さじ½
A しょうゆ…大さじ2
ごま油…大さじ1

下ごしらえ

しいたけ≫軸を取って5㎜厚さの薄切り
えのき≫石づきを取り長さを半分に切ってほぐす
しめじ≫石づきを取りほぐす
しらたき≫食べやすい長さに切る

作り方

① しらたきを耐熱容器に入れ、かぶるくらいの水を注いで電子レンジ600Wで2分30秒加熱し、ザルに上げて水気を切る。

② フライパンにごま油を熱し、赤唐辛子、しらたきを炒める。しいたけ、えのき、しめじを加えて炒め、全体に油がまわったらAを加え汁気が少なくなるまで強火で炒める。

Point

■ しらたきはレンジで簡単にアク抜きができます。
■ 赤唐辛子の量はお好みで調節してくださいね。

06/28

かけるしょうが焼き

15min

ご飯

冷蔵 2~3日間

OK

材料（2人分）

豚ひき肉…200g
しょうが（すりおろし）…小さじ½
酒…大さじ1
玉ねぎ…½個
しょうが（みじん切り）…2片分
A みりん…大さじ1
A しょうゆ…大さじ1と½
A 砂糖…小さじ2
サラダ油…大さじ1

下ごしらえ

ひき肉≫しょうが（すりおろし）、酒と混ぜ合わせて5分置く
玉ねぎ≫みじん切り

作り方

① フライパンにサラダ油、しょうが（みじん切り）、玉ねぎを入れて玉ねぎが透き通るまで弱めの中火で炒める。

② ひき肉を加えてさらに炒め、表面に火が入ったらAを加え、水分を飛ばしながら炒める。

Point

■ 肉に下味をつけるときはあまり粘り気が出ないようにサックリと混ぜてください。

06/29

アスパラガスと豚肉の黒こしょう炒め

肉
冷蔵 2～3日間
OK

15min

材料（2人分）
アスパラガス…5本（150g）
豚ロース肉（薄切り）…300g
A 酒…小さじ1
塩・こしょう…少々
片栗粉…大さじ1½
しめじ…1パック（100g）
酒…大さじ2
鶏ガラスープの素…小さじ1½
粗びき黒こしょう…小さじ½
ごま油…大さじ1

下ごしらえ
アスパラガス≫根元のかたい部分を切り落とし、下から5cm程度の皮をむいて、3cm長さの斜め切りにする
豚肉≫食べやすい大きさに切り、Aを揉み込む
しめじ≫石づきを切り落としてほぐす

作り方
① フライパンにごま油を熱し、豚肉を炒める。色が変わったらアスパラガスを加えてサッと炒め合わせ、しめじを加えてしんなりするまで炒める。
② 酒、鶏ガラスープの素、黒こしょうを加え、手早く炒め合わせる。

Point
■豚肉は酒を揉み込むことによって、やわらかくジューシーに仕上がります。
■お好みでにんにくやしょうがのすりおろしを加えると、さらにコク深い味わいになります。

06/30

梅なめたけ

きのこ
冷蔵 2～3日間

10min

材料（作りやすい分量）
えのきだけ…1パック（200g）
梅干し…1個
白だし（10倍濃縮）…大さじ1
みりん…大さじ1
白いりごま…適量

下ごしらえ
えのき≫石づきを切り落とし、長さを3等分に切る
梅干し≫種を取り除き、包丁で細かくたたく

作り方
耐熱ボウルにえのき、梅干し、白だし、みりんを入れてざっと混ぜ、ラップをかけて電子レンジ600Wで5分加熱する。お好みで白いりごまをふる。

Point
■ご飯にはもちろん、納豆や冷やっこのトッピング、サッときゅうりと和えるなど、アレンジもできます。
■白だしの量は、使用する梅干しの塩分によって調整してくださいね。

@yacoco01

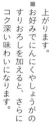

Column 9

主食だって長期保存！

知っておくと便利な保存法

ご飯やパン、麺などの主食を冷凍しておくのも立派な作りおき。
それぞれおいしく食べられる冷凍保存法についてまとめました。

ご飯　保存期限：2〜3週間

保存方法

炊いたらすぐラップに小分けにして粗熱を取り、冷凍するのがおすすめです。一つおよそ150ｇを目安に、しゃもじで平たくならして空気が入らないように包みます。ベチャッとするのを防ぐために、ご飯にはあまり触らないようにすると◎。

解凍方法

電子レンジで温めて食べます。加熱の目安は150ｇに対して電子レンジ600Wで１分30秒〜２分くらいです。

パン　保存期限：2〜3週間

保存方法

食パンは１枚ずつ、バゲットなども切った状態でラップに包み冷凍します。

解凍方法

あらかじめ電子レンジで10〜20秒ほど温めてからトースターで焼きます。冷凍したものをそのままトースターに入れると焦げてしまうので注意（トースターによってはそのまま焼けるものもあります）。バゲットも同様です。

麺類　保存期限：2～3週間

パスタ

保存方法

ゆでたパスタ麺も冷凍保存できます。ゆでるときは、表示時間より１分ほど少なく、固ゆでになるようにします。麺同士がくっつかないように、オイルで和えてから１食分ずつをラップで包み、粗熱を取ってから冷凍庫に入れます。

解凍方法

電子レンジで温めて食べます。加熱の目安は100ｇに対して電子レンジ600Wで１分30秒～２分くらいです。パスタを冷凍しておけば、あとは市販のソースをかけて食べられるのラクちんです。

そうめん

保存方法

つい多めにゆですぎてしまいがちな素麺も冷凍しちゃいましょう！　１食分ずつをラップで包み保存します。

解凍方法

電子レンジで温めて食べます。加熱の目安は１束（50ｇ）に対して電子レンジ600Wで１分～１分30秒くらいです。食べるときは、チャンプルーにしたり、温かいスープに入れてにゅうめんにするのがおすすめです。

主食もかしこく冷凍してラクラク作りおきLIFE！
ご飯を多めに炊いて冷凍している方や、パンを一度に食べきれないという方はぜひ試してみてくださいね。

7月
8月
9月

の作りおき

07/01

新しょうがの佃煮

ご飯

冷蔵 3~4日間

OK

材料（作りやすい分量）

新しょうが…150g
- A 酒…大さじ1
- A みりん…大さじ2
- A 砂糖…大さじ2
- A しょうゆ…大さじ2

かつおぶし…1パック（3g）
白いりごま…大さじ1

下ごしらえ

新しょうが≫表面をよく洗い、皮付きのまません切り

作り方

① 鍋に湯を沸かし、しょうがを入れて2分ほどゆで、ザルに上げて水気を切る。
② 鍋にAを入れて火にかけ、ふつふつと沸いてきたら①を加え、水分がなくなるまで10分ほど煮詰める。
③ かつおぶし、白いりごまを加えて混ぜ合わせる。

Point
- ■新しょうがは下ゆでして辛味を取るのがポイントです。
- ■辛味を抑えたい場合は、少し長めにゆでてから水にさらしてくださいね。
- ■ご飯にのせたり、卵焼きに入れるのもおすすめです。

07/02

豆腐しそハンバーグ

肉

冷蔵 2~3日間

OK

材料（11個分）

絹ごし豆腐…200g
鶏ひき肉…300g
小口ねぎ…10g
塩・こしょう…適量
大葉…11枚
- A 酒…大さじ2
- A 砂糖…大さじ2
- A しょうゆ…大さじ2

水溶き片栗粉…小さじ1
（片栗粉…小さじ$\frac{1}{2}$
水…小さじ1）
サラダ油…小さじ2

下ごしらえ

絹ごし豆腐≫キッチンペーパーに包んで、電子レンジ600Wで1分加熱して水を切る

作り方

① ボウルに豆腐、ひき肉、小口ねぎ、塩・こしょうを入れてよくこねる。
② 11等分にして丸め大葉を巻く。
③ フライパンにサラダ油を熱し、②を両面焼く。
④ 焼き色がついたらふたをして、中火で3分蒸し焼きにする。
⑤ 一度取り出して、フライパンをキッチンペーパーでさっと拭き、Aを加えて沸騰させる。
⑥ 火を弱めて水溶き片栗粉を加え、とろみがついたらハンバーグを戻し入れ、煮絡める。

Point
- ■豆腐はしっかりと水気を切りましょう。

07/03

ズッキーニのベーコン巻き

15min

材料（2人分）

ズッキーニ…1本（200g）
ベーコン（ハーフ）…8枚
マヨネーズ…大さじ3
カレー粉…小さじ1
塩・こしょう…少々

肉
冷蔵 2~3日間
OK

下ごしらえ

ズッキーニ≫縦半分に切って両端を切り落とし、長さ4等分に切る

作り方

① ベーコンを広げ、手前にズッキーニをのせて巻き付ける。同じものを8個作り、全体に塩・こしょうをふる。
② マヨネーズ、カレー粉を混ぜ合わせ、①の表面に塗る。
③ アルミホイルを敷いた天板に②を並べ、トースターで8~10分焼く。

Point

■マヨネーズは焦げやすいので、様子をみて途中でアルミホイルをかぶせてください。
■なすやエリンギなど、お好みの野菜を巻いても。

07/04

ちくわソーセージのナポリタン炒め

15min

材料（2人分）

ちくわ…4本
ソーセージ…8本
ケチャップ…大さじ1
ウスターソース…小さじ½
オリーブオイル…大さじ1

肉
冷蔵 2~3日間
OK

作り方

① ちくわの穴にソーセージを詰め食べやすい大きさに切る。
② フライパンにオリーブオイルを熱し、①を入れてこんがり焼き目がつくまで焼く。ケチャップ、ウスターソースを入れて全体に絡める。

Point

■ちくわは太めのものを使用すると、ソーセージが入れやすいです。またちくわは最初に半分に切っておくと、さらに入れやすいです。

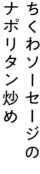

07/05

クリーミーポテトサラダ

20min

冷蔵 2〜3日間

野菜

材料（2人分）

じゃがいも…3個（450g）
玉ねぎ…½個
にんじん…½本（80g）
きゅうり…1本
むき枝豆…適量
ベーコン…2枚
ハム…4枚
卵…2個

A
- 牛乳…大さじ2
- マヨネーズ…大さじ1
- すし酢…小さじ2
- めんつゆ（3倍濃縮）…小さじ1
- バター（有塩）…10g
- マヨネーズ…大さじ1

B
- 牛乳…大さじ1
- 塩・こしょう…少々

オリーブオイル…大さじ1

下ごしらえ

じゃがいも≫ひと口大に切って水にさらす
玉ねぎ≫薄切り
にんじん≫薄く輪切りにし、耐熱ボウルに入れてラップし、電子レンジ600Wで1分加熱
きゅうり≫小口切りにして、塩小さじ¼（分量外）で塩揉み
ベーコン、ハム≫細切り
卵≫半熟にゆで、食べやすい大きさに切る

作り方

① フライパンにオリーブオイルを熱し、玉ねぎをしんなりするまで炒めて取り出す。
② フライパンをきれいにしてベーコンをカリカリに炒める。
③ 鍋にじゃがいもとかぶるぐらいの水を入れ、塩と砂糖をひとつまみ（分量外）加えてひと煮立ちさせて10分ゆでる。水を捨て火にかけながらゆする。
④ ボウルにA、③を入れて混ぜ合わせ、冷蔵庫で冷やす。
⑤ ④を冷蔵庫から取り出し、①、にんじん、きゅうり、枝豆、ハム、Bを混ぜ、卵、②をのせる。お好みで黒こしょうをふる。

07/06

キムチなめたけ

⏱20min

ご飯
冷蔵 2~3日間

材料（作りやすい分量）

えのきだけ…2袋（400g）
白菜キムチ…120g
A
酒…大さじ3
みりん…大さじ3
しょうゆ…大さじ3
酢…小さじ1
豆板醤…小さじ1½

下ごしらえ

えのき》石づきを切り落として長さを3等分にし、ほぐす
キムチ》粗みじん切り

作り方

① フライパンにえのき、Aを入れて加熱し、煮立たせる。
② キムチを加え、混ぜながら5分煮詰め、仕上げに酢と豆板醤を加えてひと煮立ちさせる。

Point

■ピリ辛な味わいでご飯がすすむひと品です。豆板醤はお好みの辛さに合わせて調節してくださいね。
■食感を楽しみたいときは、具材を少し大きめに切ってください。

07/07

鮭と長ねぎの南蛮漬け

⏱20min

魚
冷蔵 2~3日間
OK

材料（2人分）

生鮭…3切れ
塩・こしょう…少々
片栗粉…適量
長ねぎ…2本
レモン（国産）…⅓個
サラダ油…大さじ3
A
砂糖…大さじ2
酢…大さじ3
しょうゆ…大さじ1
和風だしの素…小さじ⅓
水…100mℓ
赤唐辛子（輪切り）…1本分

下ごしらえ

鮭》4等分に切り、両面に塩・こしょうと片栗粉をまぶす
長ねぎ》4cmの長さに切る
レモン》多めの塩（分量外）で揉むようにしながら表面をこすり、流水で塩を洗い流し、5mm厚さの輪切り

作り方

① 鍋にAとレモンを入れて火にかけ、ひと煮立ちしたら火からおろす。
② フライパンにサラダ油を熱し、鮭と長ねぎを両面にしっかり焼き色をつけながら火を通す。
③ 保存容器に①と②を入れる。

Point

■レモンは必ず国産のものを使用してください。

07/08

きのこのペペロンチーノ

きのこ

冷蔵 2~3日間

OK

材料（2人分）

エリンギ…1パック（100g）
しめじ…1パック（100g）
えのきだけ…1袋（200g）
にんにく…1片
赤唐辛子…1本
A 酒…大さじ1
しょうゆ…小さじ1
塩・こしょう…少々
オリーブオイル…大さじ1

下ごしらえ

エリンギ≫縦半分にして薄切り
しめじ≫石づきを切り落としてほぐす
えのき≫根元を切り落として半分の長さに切る
にんにく≫薄切り

作り方

① フライパンにオリーブオイルとにんにく、赤唐辛子をちぎり入れ、香りがするまで弱火で炒める。
② エリンギ、しめじ、えのきを加えて炒める。
③ しんなりしてきたらAを加えて軽く炒める。

Point
■ にんにくが焦げないように注意してくださいね。
■ 赤唐辛子をちぎらずにそのまま加えると、辛みを抑えることができます。

@sweet_honey_moon_

07/09

レンジで簡単ミートボール

肉

冷凍 2週間

OK

材料（2人分）

豚ひき肉…200g
パン粉…大さじ2
牛乳…大さじ2
塩・こしょう…少々
ウスターソース…大さじ1
ケチャップ…大さじ2
A 砂糖…小さじ2
水…大さじ1
片栗粉…大さじ1
水…70mℓ

下ごしらえ

パン粉≫牛乳にひたす
A≫混ぜ合わせる

作り方

① ボウルにひき肉、パン粉、塩・こしょうを入れて粘りが出るまで混ぜ、18等分にして丸める。
② 耐熱容器にA、①を並べ入れ、ふんわりラップをかけて電子レンジ600Wで2分加熱する。
③ 一度取り出し、裏返してラップをかけ、さらに2分加熱する。
④ Aを絡めて粗熱を取ったら、3個ずつカップに移す。保存容器に入れて冷凍庫で保存する。

食べるときは
お弁当に入れる際は半日前に冷蔵庫に移して解凍し、電子レンジで30秒~1分ほど加熱して水分を拭き取り、粗熱を取ってから詰めてください。

07/10

ころころ卵ピクルス

材料（作りやすい分量）

卵…4個
うずらの卵（水煮）…8個
A
砂糖…大さじ3
塩…小さじ½
酢…150mℓ
水…100mℓ
ローリエ…1枚
赤唐辛子…1本

food
その他
冷蔵
2~3
日間
OK

下ごしらえ

卵≫常温に戻す

作り方

① 鍋にたっぷりと湯を沸かして、そっと卵を入れ、転がしながら12分ゆでる。
② ①を冷水に取って5分置き、殻をむく。うずらの卵と一緒に、瓶に入れる。
③ 鍋にAを入れて加熱し、ひと煮立ちしたら火を止めて粗熱を取る。
④ ②に③を流し入れ、冷蔵庫でひと晩冷やす。

Point

■そのまま食べてもおいしいですが、ポテトサラダやサンドイッチに入れても。野菜を一緒に漬け込むのもおすすめです。

07/11

ほうれん草とにんじんの韓国のりナムル

材料（2人分）

ほうれん草…1束
にんじん…40g
韓国のり…5g
A
しょうゆ…小さじ2
ごま油…小さじ2
白いりごま…大さじ1

野菜
冷蔵
3~4
日間
OK

下ごしらえ

ほうれん草≫ラップに包んで電子レンジ600Wで2分加熱し、冷水に取って絞って水気を切り、4cm長さに切る
にんじん≫せん切りにして耐熱ボウルに入れ、ふんわりとラップをかけて電子レンジで1分加熱する

作り方

ボウルにほうれん草、にんじん、韓国のりとAをちぎり入れてよく和える。

Point

■ほうれん草は加熱後すばやく冷水に取ると、食感が残ります。
■韓国のりがない場合は、ふつうののりでも代用可能です。

07/12

ピー玉大葉

⏱10min

材料（作りやすい分量）

ピーマン…5個
赤パプリカ…1/2個
玉ねぎ…1個
大葉…10枚
塩…小さじ1/2
A
ポン酢…大さじ3
粉チーズ…大さじ2
塩・こしょう…少々
オリーブオイル…大さじ3

野菜
冷蔵 2~3日間

下ごしらえ

ピーマン、パプリカ、玉ねぎ、大葉≫みじん切り

作り方

①二重にしたキッチンペーパーで玉ねぎと塩を包み、手で揉み込む。キッチンペーパーに包んだまま水で洗い、ギュッと絞って水気を切る。

②ボウルに①、ピーマン、パプリカ、大葉、Aを入れてよく和える。

Point

■粉チーズは多めに入れるとコクが増し、少なめにするとあっさりとした味わいになります。
■野菜のみじん切りを細かくするとドレッシングのように、粗くするとシャキシャキの食感を楽しめます。お好みで大きさを変えてくださいね。

07/13

炊き込みご飯の素

⏱15min

材料（作りやすい分量）

鶏もも肉…2枚（500g）
にんじん…1本
しいたけ…6個
油揚げ…3枚
むき枝豆…150g
A
酒…100mℓ
みりん…160mℓ
しょうゆ…160mℓ
米…3合
水…適量

ご飯
冷凍 2週間
OK

下ごしらえ

鶏肉≫余分な筋と脂を取り除き、1cmの角切り
にんじん≫1cmの角切り
しいたけ≫石づきを切り落として1cmの角切り
油揚げ≫1cmの角切り

作り方

①密閉保存袋に鶏肉、にんじん、しいたけ、油揚げとむき枝豆を入れ、Aを加えて揉み込む。

②袋を平らな場所に置いて空気を抜きながら閉め、半分に折って冷凍庫に入れる。

食べるときは

炊飯釜に米と②を凍ったまま半量入れ、水を3合の目盛りまで入れて普通炊きで炊飯します。炊き上がったら、さっくり底から混ぜて完成です。

07/14

ねぎだく蒸し鶏

20min

OK

冷蔵 2~3日間

肉

材料（2人分）

鶏むね肉…1枚
酒…大さじ1
砂糖…小さじ2
片栗粉…小さじ2
長ねぎ…½本

A
砂糖…大さじ2
しょうゆ…大さじ4
酢…大さじ2
しょうが（すりおろし）…小さじ1
ごま油…大さじ1

下ごしらえ

鶏肉≫フォークで穴をあけて酒、砂糖、片栗粉を揉み込む
長ねぎ≫みじん切り

作り方

①耐熱容器に鶏肉を入れ、ラップをかけて電子レンジ600Wで4分加熱する。ラップをかけた状態で5分ほどそのまま置き、余熱で火を通す。
②別の耐熱ボウルにA、長ねぎを入れて混ぜ合わせ、ラップをかけて電子レンジで1分加熱する。
③鶏肉が冷めたら手でほぐし、②を加えて混ぜる。

Point

■鶏むね肉に酒、砂糖、片栗粉を揉み込んでから加熱することでしっとりと仕上がります。

07/15

即席トマトキムチ

野菜
冷蔵 2～3日間

材料（2人分）

ミニトマト…1パック
粉唐辛子…大さじ2
A はちみつ…大さじ1
A にんにく（すりおろし）…小さじ1
A ナンプラー…大さじ1
水…適量

作り方

①ミニトマトに切り込みを入れる。
②鍋にたっぷりの湯を沸かし、ミニトマトを30秒ゆでる。冷水にとって湯むきし、水気を切る。
③ボウルに②とAを入れて混ぜ合わせる。

Point
■ミニトマトは、包丁の角で少し切れ目を入れるだけで湯むきがしやすくなります。

07/16

たこと焼きオクラのさっぱりマリネ

魚
冷蔵 2～3日間

材料（2人分）

蒸しだこ…150g
オクラ…8本
黄パプリカ…¼個
A 砂糖…小さじ1
A しょうゆ…大さじ1
A 酢…大さじ3
A オリーブオイル…大さじ3
A しょうが（すりおろし）…1片分

下ごしらえ

たこ≫ひと口大のそぎ切り
オクラ≫塩（分量外）をふって板ずりし、ガクをとったら縦半分に切る
パプリカ≫1cm幅に切る

作り方

①ボウルにAを入れて混ぜ合わる。
②オクラとパプリカをフライパンに入れて素焼きにし、たこを加えてさっと炒める。
③①に②を入れて全体をあえる。

Point
■たこは加熱しすぎると食感がかたくなるのでサッと炒めるのがおすすめです。

07/17

たらの梅みりん焼き

魚
冷蔵 2~3日間
OK

15min

材料（2人分）

たら…3切れ
塩…適量
梅干し…1粒
A 酒…大さじ1
A みりん…大さじ1
A しょうゆ…大さじ1
大葉…適量
白いりごま…適量

下ごしらえ

たら≫食べやすい大きさに切り、塩をふって10分ほどおき、水分をよく拭く

梅干し≫種を取り除き、たたく

作り方

① 保存袋にたら、梅干し、Aを入れ一晩漬けこむ。

② 200℃のトースターで10分焼く。お好みで大葉、白いりごまをのせる。

Point

■グリルで焼いても OK。

■魚の種類はお好みでアレンジしてください。さわらで作っても◯。

@nnaaoo_yyuu

07/18

糸こんにゃくとなすのピリ辛煮

野菜
冷蔵 2~3日間
OK

20min

材料（2人分）

糸こんにゃく…1袋（150g）
なす…2本
しょうが（すりおろし）…大さじ½
豆板醤…大さじ½
A だし汁…50mℓ
（だしの素…ひとつまみ
水…50mℓ）
A 酒…大さじ1
A みりん…大さじ1 ½
A 砂糖…大さじ½
A しょうゆ…大さじ1 ½
ごま油…大さじ2

下ごしらえ

糸こんにゃく≫耐熱容器にかぶるくらいの水を入れてふんわりとラップをかけ、電子レンジ600Wで2分加熱し、食べやすい長さに切る

なす≫縦半分にして、斜め薄切り

作り方

① フライパンで糸こんにゃくを水分がなくなるまで乾煎りする。

② ごま油を加え、しょうがと豆板醤を入れて弱火で炒める。香りが立ったらなすを入れて炒め合わせる。

③ Aを入れて煮立ったら、落としぶたをして弱めの中火で4~5分煮る。

④ 落としぶたをはずして水分を飛ばす。

07/19

揚げないベーコンチーズポテトコロッケ

35min

OK（電子レンジ）　冷蔵 2〜3日間　野菜

材料（12個分）

じゃがいも…250g
ベーコン…50g
コーン（缶詰）…50g
プロセスチーズ…45g
マヨネーズ…大さじ2
塩・こしょう…少々
水溶き小麦粉…大さじ4
（小麦粉…大さじ4
水…大さじ4）
パン粉…適量
サラダ油…適量

下ごしらえ

じゃがいも≫ひと口大に切る
ベーコン≫粗みじん切り
コーン缶≫水気を切る
プロセスチーズ≫小さめのひと口大に切る

作り方

①耐熱ボウルにじゃがいもを入れ、ふんわりとラップをかけて電子レンジ600Wで6分加熱し、熱いうちに潰す。
②ベーコン、コーン、マヨネーズ、塩・こしょうを加えて混ぜ合わせる。12等分にし、中心にプロセスチーズを詰めて丸める。
③水溶き小麦粉にくぐらせ、パン粉をまぶす。
④アルミホイルを敷いた天板に並べ、1つずつサラダ油を回しかけて240℃のトースターで5〜7分ほど焼く。裏返して同様に焼く。

Point

■加熱時間は様子をみて調節してください。
■中からチーズが飛び出さないようにしっかり包んでください。

07/20

ねぎ塩ガーリックチキン

材料（2人分）

鶏もも肉…2枚（500g）
長ねぎ…2本
にんにく（すりおろし）…2片分
A
酒…大さじ3
砂糖…小さじ½
塩…小さじ1
鶏ガラスープの素…小さじ2
ごま油…大さじ3

肉
冷凍
2
週間
OK

下ごしらえ

鶏肉≫余分な脂と筋を取り除き、皮目にフォークで穴をあけ、大きめのひと口大に切る
長ねぎ≫1cm幅の斜め切り

作り方

密閉保存袋に鶏肉、長ねぎ、にんにく、Aを入れて袋を閉じ、揉み込む。冷凍庫で保存する。

食べるときは

フライパンにクッキングシートを敷いて鶏肉を凍ったまま並べ入れ、ふたをして弱めの中火で5分蒸し焼きにします。焼き目がついたら裏返し、再度ふたをして5分加熱します。お皿に盛り、フライパンに残ったねぎ塩だれをかけてください。食べるときにレモンを搾ってもおいしいです。

07/21

ごろごろ野菜の自家製サルサソース

材料（作りやすい分量）

トマト…2個（400g）
玉ねぎ…½個
ピーマン…2個
にんにく…1片
オリーブオイル…大さじ2
A
ケチャップ…大さじ3
レモン果汁…小さじ2
タバスコ…5滴
塩・こしょう…少々

その他
冷蔵
2~3
日間

下ごしらえ

トマト、玉ねぎ、ピーマン≫1cmの角切り
にんにく≫みじん切り

作り方

① 鍋にオリーブオイルを熱し、玉ねぎ、ピーマン、にんにくを炒める。
② にんにくの香りが立ったら、トマトとAを加えて5~8分ほど煮込み火からおろす。
③ 熱いうちに瓶の口のギリギリまで流し入れてふたをし、逆さにして粗熱をとり、簡易脱気する。

Point

■タバスコの量はお好みで調節してください。
■瓶を逆さにすることで空気が抜けやすくなり、日持ちが良くなります。

07/22

ダブルねぎのスタミナ豚丼の素

肉

冷凍 2週間

OK

材料（4食分）

豚バラ肉（薄切り）…500g
ニラ…½束
長ねぎ…1本
玉ねぎ…½個
にんにく（すりおろし）…1片分
しょうが（すりおろし）…1片分
酒…大さじ3
A みりん…大さじ1½
砂糖…大さじ1½
しょうゆ…大さじ3
豆板醤…小さじ1

下ごしらえ

豚肉≫ひと口大に切る
ニラ≫3cm長さに切る
長ねぎ≫斜め2cm幅に切る
玉ねぎ≫薄切り

作り方

① 密閉保存袋に豚肉とAを入れて揉み込む。ニラ、長ねぎ、玉ねぎを加えてさらに揉み込む。
② 袋の空気を抜きながら密閉するように口を閉じ、冷凍庫で保存する。

食べるときは
フライパンに凍ったままの②を半量（2人分）入れて水大さじ1を加え、ふたをして中火で3分蒸し焼きにします。ふたを開けて水分がなくなるまで炒めてください。お好みで卵黄をのせて召し上がれ。

07/23

鶏肉とマッシュルームのガリバタ炒め

肉

冷蔵 2~3日間

OK

材料（2人分）

鶏もも肉…1枚（250g）
塩…少々
粗びき黒こしょう…少々
マッシュルーム…10個（100g）
にんにく…1片
しょうゆ…小さじ1
オリーブオイル…大さじ1
バター（無塩）…10g

下ごしらえ

鶏肉≫余分な脂と筋を取り除き、大きめのひと口大に切って塩、黒こしょうをふる
マッシュルーム≫石づきを落として半分に切る
にんにく≫みじん切り

作り方

① フライパンにオリーブオイル、にんにくを入れて火にかけ、香りが立ったら鶏肉を皮目から並べ入れて両面こんがりと焼く。
② 鶏肉に火が通ったらマッシュルームを加えて炒める。
③ 強火にし、鍋肌からしょうゆを回し入れサッと炒め合わせたら、バターを加え混ぜる。

Point
■マッシュルームは加熱すると縮むので大きめに切るのがポイントです。

07/24

ツナ缶リエット

材料（作りやすい分量）

ツナ缶…2缶
バター（無塩）…20g
牛乳…大さじ1
にんにく（すりおろし）…小さじ½
塩…少々
粗びき黒こしょう…少々

下ごしらえ

ツナ缶≫油を切る
バター≫室温に戻す

作り方

すべての材料をボウルに入れてクリーム状になるまでよく混ぜ合わせる。

Point

■お好みでピンクペッパー、チャービルをトッピングしてください。
■バターを室温に戻してクリーム状にすることで全体が混ざりやすくなります。

その他
冷蔵 2〜3日間
OK

07/25

大葉のピリ辛しょうゆ漬け

材料（2人分）

大葉…15枚
長ねぎ…¼本
にんにく（すりおろし）…小さじ1
しょうが（すりおろし）…小さじ1

A
みりん…大さじ1
砂糖…大さじ½
しょうゆ…大さじ3
コチュジャン…大さじ½
一味唐辛子…小さじ½
白いりごま…大さじ1
ごま油…大さじ1

下ごしらえ

大葉≫茎を切り落とす
長ねぎ≫みじん切り
みりん≫電子レンジ600Wで30秒加熱する

作り方

①大葉はキッチンペーパーでしっかりと水気を拭き取る。
②ボウルにAを混ぜ合わせて、大葉に一枚ずつ絡ませながら、保存容器に重ねて入れる。
③ラップをかけて密着させ、冷蔵庫で半日〜1日漬ける。

Point

■1時間後から食べられますが、漬ける時間を長くすると味が染みておいしくなります。
■漬けるときは落としラップで密着させることで、味がなじみやすくなります。

野菜
冷蔵 2〜3日間
OK

65min

07/26

しっとりサーモンのオイル漬け

魚

冷蔵 1週間

材料（作りやすい分量）

サーモン…1さく（300g）

塩…大さじ1

オリーブオイル…500㎖

ローリエ…1枚

下ごしらえ

サーモン≫塩をふって15分置き、水気を拭き取る

作り方

① 鍋にオリーブオイルを入れ、150℃に加熱する。

② ふつふつと気泡が出始めたら火からおろし、サーモンをそっと入れ、そのまま1時間置いて余熱で火を通す。

Point

■サーモンはお箸で簡単にほぐせます。そのまま食べてもおいしいですが、サンドイッチやパスタの具としてアレンジするのもおすすめですよ。

20min

07/27

なすと厚揚げの中華びたし

野菜

冷蔵 2~3日間

OK

材料（2人分）

なす…2本

厚揚げ…1枚

長ねぎ…½本

A
- 砂糖…大さじ1
- 酢…大さじ3
- しょうゆ…大さじ3
- しょうが（すりおろし）…小さじ1
- にんにく（すりおろし）…小さじ½

ごま油…大さじ3

下ごしらえ

なす≫縦6等分に切ってから、長さを半分に切る

厚揚げ≫縦半分に切って1cm厚さに切る

長ねぎ≫みじん切り

作り方

① フライパンにごま油を熱し、なすと厚揚げを並べ入れる。それぞれ両面、焼き目がつくまで焼いたら保存容器に入れる。

② ボウルに長ねぎとAを入れてよく混ぜ合わせ、①にかけ入れる。

Point

■しっかりと焼き色がつくまで加熱することで、香ばしさが加わります。

■なすと厚揚げが熱いうちにたれと合わせると、味が染みておいしいです。

07/28

ひらひらにんじんと豚肉のしょうが焼き

肉
冷蔵 2~3日間
OK

20min

材料（2人分）

豚バラ肉（薄切り）…300g
にんじん…1本（200g）
塩・こしょう…少々
みりん…大さじ2
A 酒…大さじ2
しょうゆ…大さじ2
しょうが（すりおろし）…小さじ2
サラダ油…大さじ½

下ごしらえ

豚肉≫長さを3等分に切る
にんじん≫皮ごとピーラーで薄くスライスする

作り方

① フライパンにサラダ油を熱し、豚肉を焼く。
② にんじんを加えてサッと炒め、Aを加えて強火にし、煮詰めながら全体に絡める。

Point

■にんじんはピーラーで薄くスライスすると火の通りが早く、食感のアクセントになります。
■薄切りも肉やこま切れ肉などでもおいしく作れます。

07/29

はんぺんのチーズベーコン巻き

肉
冷蔵 2~3日間
OK

15min

材料（2人分）

はんぺん…1枚（100g）
ベーコン（ハーフ）…8枚
スライスチーズ…1枚
塩・こしょう…少々

下ごしらえ

はんぺん、チーズ≫8等分に切る

作り方

① はんぺんの上に、チーズをのせてベーコンを巻きつける。残りも同様に巻く。
② アルミホイルを敷いた天板に①を並べ、塩・こしょうをふってトースターで8~10分焼く。

Point

■お好みで大葉を巻いたり、マヨネーズやバターしょうゆを塗ってもおいしくなります。

07/30

さばのみりん漬け焼き

⏱10min

魚
冷蔵 2~3日間
OK

材料（2人分）

さば（三枚おろし）…1尾
塩…小さじ2
みりん…80㎖
しょうゆ…20㎖
白いりごま…大さじ1
サラダ油…適量

下ごしらえ

さば≫3㎝幅に切る。塩をふり15分ほど置いたら、余分な水分と塩を拭き取り、保存容器に入れる。

作り方

① ボウルにみりんとしょうゆを混ぜ合わせて保存容器に流し入れ、さばと密着させるようにラップをかけ、冷蔵庫で2時間寝かせる。
② 天板にアルミホイルを敷いてサラダ油を塗り、①の水分を切って並べる。白いりごまをふりかけ、250℃のトースターで5分焼く。

Point

■皮もカリッとさせたい場合は、身を焼いたあと裏返して2~3分トースターで焼いてください。
■甘めの味にする場合は、砂糖を追加しても。

07/31

ころころ厚揚げのキムチ漬け

⏱15min

その他
冷蔵 2~3日間
OK

材料（2人分）

厚揚げ…1枚
白菜キムチ…60g
A 砂糖…大さじ1
A しょうゆ…大さじ1
A コチュジャン…大さじ1
A 白いりごま…大さじ1
ごま油…大さじ1

下ごしらえ

厚揚げ≫熱湯をかけて油抜きをし、1㎝の角切り
キムチ≫粗みじん切り

作り方

① アルミホイルを敷いた天板に厚揚げを並べてトースターで5分焼く。
② ボウルにキムチ、Aを混ぜ合わせる。
③ 保存容器に①、②を入れてざっと混ぜ、冷蔵庫で半日~1日ほど漬け込む。

Point

■出来上がってすぐでも食べられますが、漬け込むと味が染み込みます。
■小さめのサイコロ状に切ることで味がなじみやすくなります。

Column 10

夏に作りおきをするときに 押さえておきたいこと

高温多湿で食べ物が傷みやすくなる夏は、
作りおきをする際にちょっとした工夫が必要です。
安全においしく食べるためにぜひ参考にしてみてください。

1 なるべく早めに食べる

夏は食べ物が傷みやすいので、作りおきおかずを作ったら、記載してある保存期限より前に食べきるのがおすすめです。冷蔵庫の開閉の回数やおかずを入れている場所によっても賞味期限は変わるので、匂いや色などを確かめながら食べるようにしてください。また、料理の際は、新鮮な食材を使うように心がけます。

2 夏季は冷凍できるおかずがおすすめ

冷凍すると、菌の繁殖が抑えられるので、冷凍できるおかずは冷凍保存するのがベター。食べる分だけ解凍して、必ずアツアツになるまで温めます。お弁当に入れる場合は、粗熱を取ってから詰めます。一旦解凍したおかずの再冷凍はせず、食べきるようにしてください。

3 菌の繁殖を抑える食材や調味料を使う

梅干しは、菌の繁殖を抑える効果があると言われている代表的な食べ物。煮物に梅干しを入れて梅煮にしたり、お弁当に入れたりして使うといいでしょう。また、和え物には酢やわさびを入れるなど、菌の繁殖を抑える効果のある食材や調味料を積極的に使ってみましょう。

食材

梅干し クエン酸などの有機酸の力で菌の繁殖を抑える。

しょうが 生のしょうがに多く含まれるジンゲロールに抗菌効果がある。

大葉 大葉独特の香りの成分が殺菌に働く。細かく刻むと◎。

山椒 サンショオールという成分に殺菌効果が期待される。

酢 酢の成分である酢酸に菌の繁殖を抑える効果がある。

わさび アリルイソチオシアネートという辛味成分に抗酸化作用がある。

08/01

レンジでみょうがの甘酢漬け

野菜　冷蔵 4~5日間　OK

材料（2人分）

みょうが…10本
砂糖…大さじ3
塩…小さじ1/3
酢…100mℓ

下ごしらえ

みょうが≫根元を切り落とす

作り方

① みょうがをラップに包み、電子レンジ600Wで1分加熱する。

② 保存容器に砂糖、塩、酢を混ぜ合わせ、①を入れて1時間以上漬け込む。

Point

■みょうがは加熱すると色が少しくすみますが、酢に漬けると鮮やかな色が戻ります。

■そのまま夕食の箸休めやお弁当の彩りおかずとして食べたり、刻んで冷奴やちらし寿司にトッピングすることもできるので、重宝しますよ。

08/02

なすと豚肉の梅ぽん煮

肉　冷蔵 2~3日間　OK

材料（2人分）

なす…3本
豚バラ肉（薄切り）…200g

A
- ポン酢…大さじ3
- はちみつ…小さじ2
- 梅肉…2個分
- しょうが（すりおろし）…小さじ1/2

水…30mℓ
ごま油…小さじ1
大葉…適量

下ごしらえ

なす≫縦4等分に切ってから、長めの乱切り
A≫混ぜ合わせる
大葉≫せん切り

作り方

① フライパンにごま油を熱し、豚肉を入れて色が変わるまで炒める。

② なすを加えサッと炒めたら、Aと水を加えてふたをして10分煮る。

③ ふたを開けて煮詰める。食べるときに大葉をのせる。

Point

■梅干しは、はちみつ梅を使うのがおすすめです。

08/03

揚げない豚こましそトンカツ

40min　OK　冷蔵2~3日間　肉

材料（2人分）

豚こま切れ肉…300g
塩・こしょう…少々
大葉…10枚
A
マヨネーズ…大さじ1
中濃ソース…大さじ2
しょうゆ…大さじ½
はちみつ…大さじ1
パン粉…30g
サラダ油…大さじ1

下ごしらえ

大葉≫せん切り

作り方

① ボウルに豚肉を入れ、塩・こしょうを揉み込む。大葉、Aを加えて混ぜ合わせ、ひと口分ずつ取り、四角く成形する。

② フライパンにパン粉とサラダ油を弱めの中火で熱し、きつね色になるまで炒める。バットに移し粗熱を取ったら①にまぶす。

③ サラダ油（分量外）を塗った天板に②をのせて、230℃のトースターで10~15分焼く。裏返してさらに10分ほど焼く。

Point

■トースターでの加熱時間は様子を見て調節してください。焼き色がつきすぎるのが気になる場合は、途中でアルミホイルをかぶせてくださいね。
■はちみつは砂糖に代えてもOK。量はお好みで調節してください。

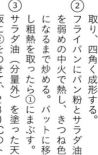

08/04

キムチが入った山形のだし風

5 min

野菜

冷蔵 2~3日間

材料（作りやすい分量）

白菜キムチ…30g
なす…1本
きゅうり…1本
オクラ…3本
みょうが…1個
大葉…5枚
しょうが…2片
切り昆布…5g
薄口しょうゆ…大さじ3
A
みりん…大さじ1
酢…小さじ2
砂糖…小さじ2

下ごしらえ

キムチ≫細かく刻む
なす≫5㎜角に切り、水に3分ほどさらす
きゅうり、オクラ、みょうが、大葉≫5㎜角に切る
しょうが≫みじん切り

作り方

①ボウルにすべての材料とAを入れてあえる。
②保存容器に入れ、1時間ほど冷蔵庫で味をなじませる。

Point
■みりんのアルコールが気になる方は電子レンジ600Wで30秒加熱してから加えてください。

08/05

肉巻き梅きゅう

20 min

肉

冷蔵 2~3日間

OK

材料（2人分）

豚バラ肉（薄切り）…200g
きゅうり…2本
梅干し…4個
ポン酢…適量
白いりごま…適量

下ごしらえ

きゅうり≫塩（分量外）をふって板ずりし、サッと水洗いして水気を拭き取る。長さを3等分に切って、縦半分に切る
梅干し≫種を取り除き、包丁でたたく

作り方

①きゅうりの断面に梅肉を塗る。
②①を豚バラ肉で巻く。巻き終わりを下にして天板に並べ、トースターで10分焼く。
③ポン酢と白いりごまをかける。

Point
■巻き終わりを下にして加熱することで、肉がはがれにくくなります。

08/06

チーズイン焼肉ミニハンバーグ

材料（2人分）

合いびき肉…200g
玉ねぎ…1/4個
クリームチーズ…30g
パン粉…小さじ2
牛乳…小さじ2
焼肉のたれ…大さじ2
塩・こしょう…少々
サラダ油…大さじ1/2

下ごしらえ

玉ねぎ≫みじん切り
クリームチーズ≫6等分にする
パン粉≫牛乳にひたす

肉
冷凍 2週間
OK

作り方

① ボウルにひき肉、玉ねぎ、パン粉、塩・こしょうを入れて粘りが出るまで混ぜ合わせる。
② 6等分にして、真ん中にクリームチーズを入れて包む。
③ フライパンにサラダ油を熱し、②を焼く。片面に焼き色がついたら裏返してふたをし、3分ほど蒸し焼きにする。
④ ふたを開け、焼肉のたれを加えて煮絡めたら火からおろし、粗熱を取る。

保存&食べるときは
1個ずつラップで包んで保存容器に入れて冷凍庫で保存します。お弁当に入れるときは半日前に冷蔵庫に移して解凍し、電子レンジ600Wで30秒～1分ほど加熱して水分を取り、粗熱を取ってから詰めてください。

08/07

鶏もも肉とさつまいもの甘酢炒め

材料（2人分）

鶏もも肉…1枚（250g）
さつまいも…250g
れんこん…200g
A
砂糖…大さじ2
水…大さじ1
しょうゆ…大さじ2
酢…大さじ1
白いりごま…適量
片栗粉…適量
サラダ油…適量

下ごしらえ

鶏肉≫ひと口大に切り、塩・こしょう（分量外）、片栗粉をまぶす
さつまいも≫乱切りにし、水にさらす
れんこん≫1cm厚さの半月切り

肉
冷蔵 2~3日間
OK

作り方

① ポリ袋にさつまいもとれんこん、片栗粉を入れる。空気を含ませて振り、全体にまぶす。
② フライパンにサラダ油を深さ1cmほど入れて熱し、①を弱めの中火でじっくり揚げ焼きにし、焼き色がついたら一度取り出す。
③ ②のフライパンに鶏肉を入れて焼き、中まで火が通ったら余分な油をキッチンペーパーで拭き取る。
④ 野菜を戻し入れ、Aを入れて煮絡め、全体に照りが出てきたら、白いりごまをふる。

08/08

焼きオクラのしょうがおひたし

材料（2人分）

オクラ…2パック（16本）
ごま油…大さじ1
A
みりん…大さじ1 1/2
しょうゆ…大さじ1 1/2
しょうが（すりおろし）…小さじ1/2
だしの素…小さじ1/2
水…200㎖

下ごしらえ

オクラ≫塩（分量外）で板ずりをし、水洗いをして水気を切ったら、ヘタの先を切り落としてガクを取り除く

野菜
冷蔵 2~3日間
OK

作り方

① フライパンにごま油を熱し、オクラを並べ入れて転がしながら焼く。全体に焼き目がついたら取り出す。
② 耐熱ボウルにAを入れて混ぜ合わせ、電子レンジ600Wで2分加熱する。
③ 保存容器に①を入れ、②をかける。お好みで赤唐辛子を飾る。

Point
■フライパンで焼き目をしっかりつけると香ばしいおひたしになりますよ。

08/09

照り焼き肉巻きかぼちゃ

材料（2人分）

豚バラ肉（薄切り）…200g
塩・こしょう…少々
かぼちゃ…200g
サラダ油…大さじ2
焼肉のたれ…大さじ4

下ごしらえ

豚肉≫塩・こしょうをふる
かぼちゃ≫7~8㎜厚さの薄切り

肉
冷蔵 4~5日間
OK

作り方

① かぼちゃは耐熱容器に入れ、水で濡らしたキッチンペーパーをのせてふんわりとラップをかけ、電子レンジ600Wで5分加熱する。
② ①の粗熱が取れたら豚肉を巻き付ける。
③ フライパンにサラダ油を熱し、②の巻き終わりを下にして入れ、両面を焼く。
④ 焼肉のたれを加えて全体に絡める。お好みで白いりごまをふる。

⏱10 min

08/10

めんつゆマヨの春雨サラダ

材料（2人分）

春雨（乾燥）…50g
カニ風味かまぼこ…5本
きゅうり…1/2本
乾燥わかめ…3g
めんつゆ（3倍濃縮）…大さじ1 1/2
マヨネーズ…大さじ1 1/2

野菜
冷蔵 2~3日間

下ごしらえ

カニ風味かまぼこ≫さく
きゅうり≫細切り

作り方

① 耐熱容器に春雨とわかめを入れ、かぶるくらいの水を加えて電子レンジ600Wで3分加熱する。取り出してザルにあけ、水気を切りボウルに移す。
② めんつゆとマヨネーズを加えてよく混ぜ、カニ風味かまぼことときゅうりを加えて混ぜ合わせる。お好みで白いりごまとごま油をかける。

Point
■春雨が長い場合は、ハサミで切っておくと食べやすいです。
■春雨とわかめはしっかりと水を切ってからめんつゆとマヨネーズを混ぜましょう。

⏱20 min

08/11

冷やしおでん

材料（2人分）

大根…1/3本
ミディトマト…4個
オクラ…4本
さつま揚げ…2枚
ゆで卵…2個
だし汁…400mℓ
A 酒…大さじ4
　みりん…大さじ3
　薄口しょうゆ…大さじ1/2
　塩…小さじ1

野菜
冷蔵 2~3日間

下ごしらえ

大根≫1.5cm厚さの輪切り
トマト≫切り込みを入れる
オクラ≫塩（分量外）で板ずりをしてうぶ毛を除く
さつま揚げ≫湯通しして油抜きをする

作り方

① 鍋にたっぷりの湯を沸かし、トマトを30秒入れて冷水につけ皮をむく。
② 別の鍋に大根、だし汁を入れて沸騰させる。Aを加えて落としぶたをし、弱火で10分煮込む。
③ オクラ、さつま揚げを加えて1分ほど煮て火からおろす。卵を入れて粗熱をとり、最後にトマトを加えたら、冷蔵庫で冷やす。

Point
■トマトは湯むきすると味が染み込みやすくなります。
■冷えるときに味が染み込むので粗熱を取る前に卵を入れます。

08/12

油揚げの鶏ひき肉ロール

肉　冷蔵 2~3日間　OK

材料（2人分）

油揚げ…3枚
鶏ひき肉…150g
木綿豆腐…1丁（300g）
A
- 砂糖…大さじ1
- 塩…小さじ½
- パン粉…大さじ4（12g）
- しょうが（すりおろし）…小さじ1

サラダ油…大さじ2
片栗粉…適量
B
- みりん…100㎖
- しょうゆ…大さじ3
- だしの素…小さじ½
- 水…100㎖

下ごしらえ

油揚げ≫熱湯にくぐらせて油抜きし、水気を絞る
豆腐≫キッチンペーパーで包み、重しをのせて10分ほど水切りする

作り方

①ボウルにひき肉、豆腐、Aを入れてよく混ぜる。
②油揚げの長辺1辺を残した3辺を切り開き、内側に片栗粉をふる。
③②に①のタネを3分の1量ずつ塗り広げる。手前から巻き上げ、全体に片栗粉をまぶす。
④フライパンにサラダ油を熱し③の巻き終わりを下にして並べ入れ、転がしながら焼き色がつくまで全面を焼く。
⑤Bを加え、ひと煮立ちしたらふたをして弱火で10分ほど煮込む。

@aya_aya1128

08/13

ズッキーニの中華風きんぴら

野菜　冷蔵 2~3日間　OK

材料（2人分）

ズッキーニ…1本
黄ズッキーニ…1本
A
- 豆板醤…小さじ1
- オイスターソース…大さじ1
- 砂糖…大さじ1
- 酒…大さじ½

ごま油…大さじ1
白いりごま…適量

下ごしらえ

ズッキーニ2種≫長さ5㎝の細切り

作り方

①フライパンにごま油を熱し、ズッキーニ2種を炒める。
②しんなりしてきたら、Aを加えてサッと炒める。
③Aが絡んだら火を止めて、白いりごまを加えて混ぜる。

Point
■辛いものが苦手な場合は、豆板醤の量を減らしてくださいね。

08/14

きのこと豚肉のトマト煮

20min

OK

冷蔵 2~3日間

肉

材料（2人分）

豚こま切れ肉…200g
玉ねぎ…1個
しめじ…1パック（80g）
エリンギ…4本
カットトマト缶…1缶（450g）
塩・こしょう…適量
小麦粉…大さじ1/2
A ケチャップ…大さじ2
A ウスターソース…大さじ1
A コンソメ…小さじ1
塩…小さじ1
オリーブオイル…大さじ2

下ごしらえ

玉ねぎ≫薄切り
しめじ≫石づきを切り落としてほぐす
エリンギ≫乱切り

作り方

① 豚肉をポリ袋に入れて塩・こしょう、小麦粉をまぶす。
② フライパンにオリーブオイル大さじ1を熱し、①を炒める。9割ほど火が入ったら、取り出す。
③ フライパンを軽く拭き、残りのオリーブオイルを熱し、玉ねぎを弱火でしんなりするまで炒める。
④ しめじ、エリンギを加えてよく炒め合わせ、②を戻し入れて強火で1分ほど炒める。
⑤ トマト缶とAを加えよく混ぜ合わせる。ときどき混ぜながら、5分ほど煮る。
⑥ 塩で味を調える。

Point

■ きのこを加えてからは、強火で焦げないように混ぜながら炒めてください。
■ 豚こま肉に小麦粉をまぶすことで、肉が縮まずやわらかく仕上がります。

08/15

あじの南蛮漬け

⏱20min

魚
冷蔵 2〜3日間
OK

材料（2人分）
あじ（3枚おろし）…2尾分
玉ねぎ…½個（100g）
ピーマン…1個（40g）
にんじん…⅓本（50g）
サラダ油…適量
—A—
片栗粉…大さじ2
小麦粉…大さじ2
赤唐辛子（輪切り）…1本分
だしの素…小さじ⅓
—B—
水…150㎖
砂糖…大さじ2
しょうゆ…大さじ2
酢…大さじ3

下ごしらえ
あじ≫塩（分量外）をふって5分ほど置いて水気を拭き取り、ひと口大に切る
玉ねぎ≫薄切り
ピーマン≫縦半分に切り、横に5㎜幅の細切り
にんじん≫4㎝長さの細切り
A≫混ぜ合わせる

作り方
① あじにAをまぶす。
② 170℃のサラダ油にあじを入れ、カラッと揚がったら油を切る。
③ 鍋にBを入れて火にかけ、ひと煮立ちしたら火からおろす。
④ バットに野菜類と②を入れて③をかけ、全体を軽く混ぜる。冷蔵庫で30分〜1時間ほど漬け込む。

08/16

豚キムチの磯辺焼き

⏱20min

肉
冷蔵 2〜3日間
OK

材料（2人分）
豚こま切れ肉…250g
白菜キムチ…120g
ピザ用チーズ…40g
—A—
酒…小さじ1
みりん…小さじ1
めんつゆ（3倍濃縮）…小さじ2
片栗粉…大さじ½
焼きのり…適量
ごま油…大さじ1

下ごしらえ
キムチ≫粗く刻む
焼きのり≫丸く成形した豚こま肉の大きさに合わせて切る

作り方
① ボウルに豚肉、キムチ、ピザ用チーズ、Aを入れて混ぜ合わせる。
② 少量手に取り、丸く成形して焼きのりではさむ。
③ フライパンにごま油を熱し、②を並べ入れ、焼き目が付いたら裏返す。ふたをして弱火で5分ほど焼く。

Point
■生地がまとまりにくい場合は、片栗粉を少し追加してください。

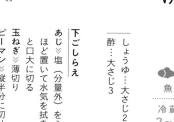

10min

08/17

大根のめんつゆポン酢漬け

野菜
冷蔵 2~3日間
OK

材料（2人分）

大根…350g
塩…ひとつまみ
めんつゆ（3倍濃縮）…大さじ2
水…大さじ4
ポン酢…大さじ3
かつおぶし…大さじ2

下ごしらえ

大根≫いちょう切りにして塩揉み。5分ほど置いて水気を拭き取る

作り方

① 保存容器に、かつおぶし、大根を重ね入れる。
② めんつゆ、水、ポン酢を混ぜ合わせて①に注ぎ入れる。
③ 冷蔵庫でひと晩ほど漬け込む。

Point
■大根は塩揉みして余分な水分を拭き取ると、味がなじみやすくなります。

10min

08/18

なすのピリ辛ナムル

野菜
冷蔵 2~3日間
OK

材料（2人分）

なす…4本
酢…小さじ1
A
小口ねぎ…4本分
白すりごま…大さじ3
しょうゆ…大さじ1
砂糖…大さじ1
一味唐辛子…少々
ごま油…大さじ2
ラー油…小さじ1
白髪ねぎ…適量
糸唐辛子…適量

下ごしらえ

なす≫皮をむき、縦8等分に切る

作り方

① 鍋にたっぷりの湯を沸かし、酢を加える。なすを3~4分ゆで、冷水にとり絞って水気を切る。
② Aを合わせ、①のなすと混ぜ合わせる。
③ 食べるときに、白髪ねぎ、糸唐辛子を飾る。

Point
■酢を入れてゆでることでなすの変色を防ぐことができます。

08/19

まるごとなすの揚げびたし

25min

冷蔵 2~3日間

野菜

材料（2人分）

なす…5本
だし汁…250㎖
（だしの素…小さじ2/3
水…250㎖）
A
しょうが（すりおろし）…小さじ1
酒…大さじ1 1/2
みりん…大さじ2
しょうゆ…大さじ2
サラダ油…適量

下ごしらえ

なす》ヘタの下部分に一周切れ目を入れて、ガクを取り除く。全体に縦の切れ目を細かく入れる

作り方

1. フライパンにサラダ油を170℃に熱し、なすを入れて転がしながら8分ほど揚げる。きれいな紫色になり、菜箸で持ち上げたときにしんなりしたら取り出し、油を切って保存容器に入れる。
2. 鍋にだし汁、Aを入れて火にかけ、ひと煮立ちしたら火からおろす。
3. 容器に入れたなすに②をまわしかける。少し置いたら途中で裏返して全体に味をなじませる。お好みで小口ねぎをトッピングする。

Point

- なすは皮の破裂防止と、火が通りやすいように、必ず切れ目を入れてくださいね。
- 熱いうちに調味液に漬け込むと、味がなじみやすくなりますよ。

08/20

麻婆きゅうり

野菜
冷蔵 2~3日間
OK

材料（2人分）

きゅうり…3本
豚ひき肉…150g
しょうが（すりおろし）…小さじ½
にんにく（すりおろし）…小さじ½
長ねぎ…15g
A
酒…大さじ1
砂糖…小さじ1
鶏ガラスープの素…小さじ1
豆板醤…小さじ1
赤みそ…大さじ1
水…50㎖
ごま油…大さじ1½

下ごしらえ

きゅうり≫ピーラーでしま模様になるように皮をむき、乱切り
長ねぎ≫小口切り

作り方

① フライパンにごま油を熱し、しょうが、にんにく、長ねぎを入れて弱火で加熱する。
② 香りがしてきたら、ひき肉を加えて色が変わるまで炒め、きゅうりを加える。
③ きゅうりがしんなりしてきたらA、水を加えて煮絡める。お好みで糸唐辛子、白いりごまをトッピングする。

Point
■きゅうりはしま模様にすると味が染み込みやすくなります。
■赤みその代わりに甜麺醤大さじ1を入れてもおいしいです。

08/21

揚げない鶏むねみそカツ

肉
冷蔵 2~3日間
OK

材料（2人分）

鶏むね肉…200g
A
合わせみそ…大さじ1と½
みりん…大さじ1
しょうゆ…小さじ1
砂糖…小さじ1
マヨネーズ…小さじ1
パン粉…適量
ごま油…小さじ1

下ごしらえ

鶏肉≫皮を取り除き、ひと口大のそぎ切り
A≫混ぜ合わせる

作り方

① 鶏肉にAを塗り、パン粉をまぶし、ごま油をかける。
② トースターで15~20分ほど加熱する。

Point
■ごま油をかけることで、パン粉がサクッと仕上がります。
■鶏むね肉を鶏ささみに代えてもOK。

10min

08/22

鶏ささみといんげんのピリ辛ごまあえ

肉

冷蔵 2～3日間

OK

材料（2人分）

鶏ささみ…3本
さやいんげん…100g
塩・こしょう…少々
酒…大さじ2
水…大さじ1
A
白すりごま…大さじ3
砂糖…大さじ1
しょうゆ…大さじ1
豆板醤…小さじ½

下ごしらえ

鶏ささみ≫筋を取り除き、酒をふる
いんげん≫ヘタと筋を取り除く

作り方

① 耐熱皿に鶏ささみを入れ、塩・こしょうをまぶす。ふんわりとラップをかけて電子レンジ600Wで2分加熱し、粗熱を取る。
② ①を食べやすい大きさにほぐす。
③ 別の耐熱皿にいんげん、水を入れ、ふんわりとラップをかけて電子レンジで1～2分加熱する。冷水にとり、キッチンペーパーで水気を拭き取る。
④ ③を3cm長さに切る。
⑤ ボウルに②、④、Aを入れて全体をあえる。

Point

■ささみに酒をあらかじめまぶして加熱することで、しっとりとした食感に。
■いんげんは冷水で一度しめると色合いもよく、シャキッとした食感に仕上がります。

30min

08/23

ねぎみそつくね

肉

冷蔵 2～3日間

OK

材料（2人分）

鶏ひき肉…300g
長ねぎ…½本
A
しょうが（すりおろし）…小さじ1
塩・こしょう…少々
合わせみそ…大さじ1
片栗粉…大さじ2
白いりごま…大さじ1

下ごしらえ

長ねぎ≫みじん切り

作り方

① ポリ袋にひき肉、長ねぎ、Aを入れて混ぜ合わせる。
② ポリ袋の端を切りアルミカップに絞り出し、形を整える。
③ トースターで15～20分ほど加熱する。

食べるときは

お弁当に入れるときはアルミカップごとトースターで温め直すか、アルミカップから出してレンジで温めて、粗熱を取ってから入れてくださいね。

⏱20min

08/24

肉巻きみょうがの梅照り焼き

材料（2人分）

豚ロース肉（薄切り）…6枚
塩・こしょう…少々
みょうが…3本
大葉…3枚
A
酒…大さじ1
みりん…大さじ1
しょうゆ…大さじ1
砂糖…小さじ2
梅肉…1個分
サラダ油…大さじ1

下ごしらえ

みょうが≫斜め半分に切る
大葉≫茎を切り落とし、半分に切る

作り方

① 豚肉を広げて塩・こしょうをふり、みょうが、大葉をのせて巻き、形を整える。残りも同様に巻く。
② フライパンにサラダ油を熱し、①を焼く。
③ 全体に焼き色がついたら、余分な油を拭き取り、A、梅肉を加えて煮絡める。お好みで白いりごまをふる。

Point
■豚肉はしっかりと巻きつけてぎゅっと握ってくださいね。

肉
冷蔵 2~3日間
OK

⏱50min

08/25

しっとりやわらか紅茶煮豚

材料（2人分）

豚ロース肉（ブロック）…400g
紅茶（ティーバッグ）…1個
A
酒…大さじ3
しょうゆ…大さじ3
みりん…大さじ3
酢…小さじ1
しょうが（すりおろし）…1片分
にんにく（すりおろし）…1片分
五香粉…適量

作り方

① 鍋に豚肉、豚肉がかぶるくらいの水、紅茶を入れて火にかける。40分ほど煮る。
② ①を火からおろし、粗熱が取れたら5㎜厚さに切り、保存容器に入れる。
③ Aを鍋に入れ、ひと煮立ちしたら②の容器に注ぎ入れる。

Point
■豚肉を煮るとき、噴きこぼれないように様子を見ながら火加減を調節してください。

肉
冷蔵 4~5日間
OK

08/26

鮭のみりん漬け焼き

魚

冷蔵 2～3日間

OK

20min

材料（2人分）

生鮭…3切れ
塩…少々
みりん…60㎖
しょうゆ…大さじ1
サラダ油…小さじ2

下ごしらえ

鮭≫骨を取り除いて塩をふり、5分ほど置く。余分な水分を拭き取り、3～4等分に切る

作り方

① 密閉保存袋に鮭、みりん、しょうゆを入れてかるく揉み込み、冷蔵庫で半日以上漬け込む。
② 袋から鮭を取り出し、キッチンペーパーで水気を拭き取る。漬け汁は大さじ2ほどとっておく。
③ フライパンにサラダ油を熱し、鮭を入れて両面焼き色がつくまで焼く。焼き色がついたらふたをして弱火で中まで火を通す。
④ ②で取っておいた漬け汁を加えて煮絡める。

Point

■表面に焼き色をつけたあとに、ふたをして蒸し焼きにすることで身がふっくらと仕上がります。
■漬け汁を煮絡めるときは身割れを防ぐため、触りすぎないようにします。

08/27

長いもの2種類漬け

野菜

冷蔵 2～3日間

10min

材料（作りやすい分量）

長いも…400g
A
にんにく…2片
みりん…大さじ1½
酢…小さじ1
しょうゆ…大さじ2
ごま油…小さじ2
赤唐辛子（輪切り）…1本分
B
砂糖…小さじ2
水…大さじ2
わさび…大さじ½
白だし…大さじ3

下ごしらえ

長いも≫縦半分に切る
にんにく≫薄切り
みりん≫電子レンジ600Wで30秒加熱する

作り方

① A、Bをそれぞれ混ぜ合わせる。
② 密閉保存袋に長いもを半量ずつとA、Bそれぞれを入れて軽く揉み、冷蔵庫で半日ほど漬け込む。

食べるときは
食べる分だけひと口大に切ってくださいね。

Point

■わさびはお好みの辛さに合わせて量を調節してくださいね。
■長いもの大きさは太めのほうが食べごたえがあります。

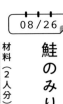

15min

08/28

ささみときのこのバターポン酢炒め

肉
冷蔵 2~3日間
OK

材料（2人分）

鶏ささみ…3本
酒…大さじ1
塩・こしょう…適量
しめじ…100g
エリンギ…100g
ポン酢…大さじ2 ½
バター（無塩）…15g

下ごしらえ

鶏ささみ≫筋を取り除いてそぎ切りにし、酒、塩・こしょう少々をまぶす
しめじ≫石づきを切り落としてほぐす
エリンギ≫石づきを切り落とし、縦半分に切って7㎜厚さの斜め切り

作り方

① フライパンを熱し、バターを溶かす。鶏ささみを入れて色が変わるまで炒め、しめじ、エリンギを加えてサッと炒める。
② ポン酢を加えて強火でサッと炒め合わせ、塩・こしょう少々で味を調える。

Point
■鶏ささみの代わりに鮭やたらなどの白身魚を使うのもおすすめです。

20min

08/29

ごぼうのごまマヨサラダ

野菜
冷蔵 2~3日間
OK

材料（2人分）

ごぼう…1本（250g）
にんじん…½本（80g）
ごま油…小さじ2
塩・こしょう…少々
みりん…大さじ2
A
すりごま…大さじ2
めんつゆ（3倍濃縮）…小さじ2
マヨネーズ…60g

下ごしらえ

ごぼう≫せん切りにし、水に10分さらす
にんじん≫せん切り

作り方

① フライパンにごま油を熱し、ごぼうとにんじんをサッと炒める。油がまわったらふたをし、10分蒸し焼きにする。
② しんなりしたらふたを取り、塩・こしょう、みりんを加えて水分がなくなるまで炒め、火からおろす。
③ 粗熱を取り、Aを加えてよく混ぜる。

08/30

鶏むね肉ののり塩チキン

肉
冷蔵 3~4日間
OK

材料（2人分）

鶏むね肉…2枚
片栗粉…適量
サラダ油…適量
A 酒…大さじ2
A 塩…小さじ½
A しょうが（すりおろし）…小さじ2
青のり…小さじ2

下ごしらえ

鶏肉≫ひと口大のそぎ切り

作り方

① ボウルに鶏肉とAを入れて軽く混ぜ、10分置いて表面に片栗粉をまぶす。
② フライパンにサラダ油を入れて180℃に熱し、①を3分揚げて油を切る。
③ 粗熱が取れたらポリ袋に②と青のりを入れ、均一にまぶす。

Point

■あおさ粉は加熱すると色や香りが抜けてしまうため、揚げたあとにふりかけてください。量はお好みで調節してくださいね。

@maichiku3

08/31

豚肉とれんこんのシャキシャキあえ

肉
冷蔵 2~3日間
OK

材料（2人分）

豚ロース肉（薄切り）…150g
塩・こしょう…少々
れんこん…130g
酒…大さじ1
A 梅干し…2個
A みりん…大さじ2
A 白だし…大さじ½
ごま油…小さじ1

下ごしらえ

豚肉≫塩・こしょうをふる
れんこん≫薄切りにして水に5分さらす
梅干し≫種を取り除き、包丁でたたく

作り方

① 耐熱容器にれんこん、豚肉の順に重ねて入れ、酒をふってふんわりとラップをかけ、電子レンジ600Wで3分加熱し、ザルにあけて汁気を切る。
② 耐熱ボウルにAを入れて混ぜ、ふんわりとラップをかけて電子レンジで1分加熱する。
③ 別のボウルに①と②を入れてよくあえ、お好みでちぎった大葉をのせる。

Point

■れんこんは白い色がくすまないように、切ったらすぐ水にさらしてアク抜きしてください。
■Aは梅干しの塩分によって仕上がりが異なるので、味を見ながら白だしの量を調節してくださいね。

Column 11

おかず作りがラクになる
調理HACK!
Part 4

ちょっとしたことだけど、
知っているとおかず作りがラクになる
調理中のテクニックをこっそりご紹介。

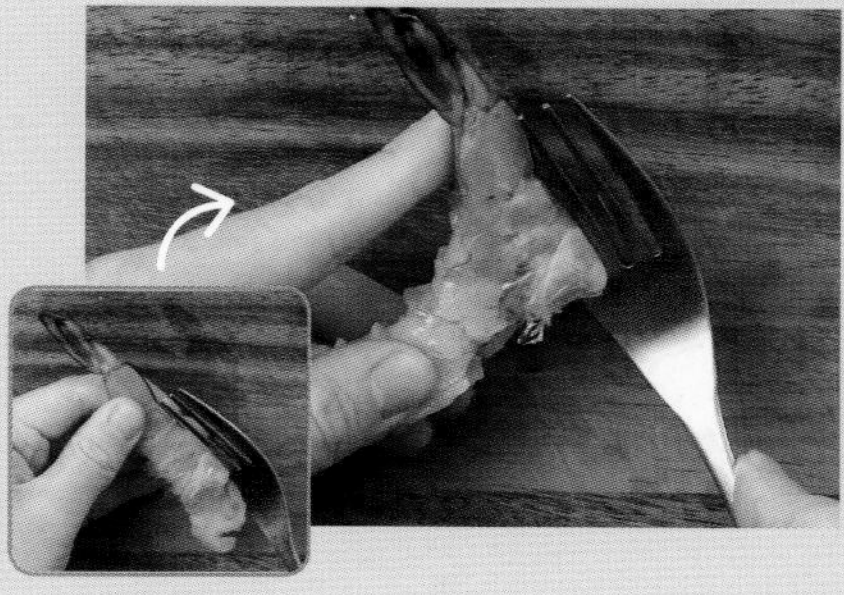

えび

無頭えびの殻の背にフォークを差し込み、
そのまま引っ張ると、殻と背ワタを
一気に取ることができる。

明太子・たらこ

ラップに包んで端をハサミで切り落とし、
先端から中身を押し出すようすると、
中身をきれいに出せる。

カニかま①

フォークを使うと、すばやく割ける。

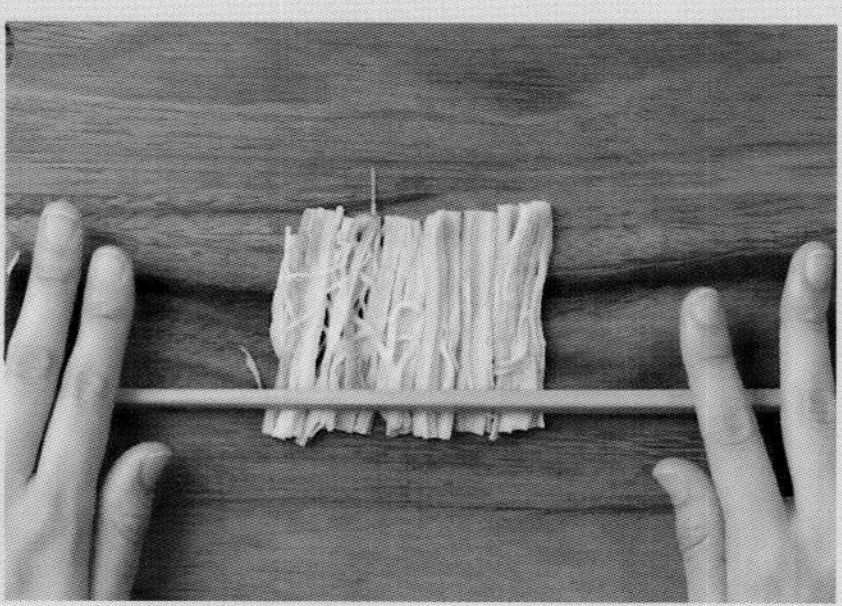

カニかま②

菜箸をカニかまの上で転がすと、
すばやく割ける。

ちょっとしたテクニックでおかず作りが簡単に!

09/01

切り干し大根ときのこのペペロンチーノ風

15min

きのこ

冷蔵 2~3日間

OK

材料（2人分）

切り干し大根…15g
えのきだけ…50g
しめじ…50g
まいたけ…50g
にんにく（すりおろし）…小さじ½
赤唐辛子（輪切り）…少々
オリーブオイル…大さじ2
塩…少々

下ごしらえ

切り干し大根≫水で戻し、しっかり水気を切る
えのき、しめじ、まいたけ≫石づきを落とし、小房に分ける

作り方

① フライパンにオリーブオイル、にんにく、赤唐辛子を入れ、香りが立つまで弱火で炒める。
② 切り干し大根、えのき、しめじ、まいたけを入れて、5分炒める。
③ 塩で味を調える。

Point
■切り干し大根は袋の表示にしたがって戻してください。
■きのこはお好みのきのこにアレンジしてもおいしいです。

@mogmog.ymanma

09/02

カニかま豆腐おやき

20min

その他

冷蔵 2~3日間

OK

材料（2人分）

木綿豆腐…200g
カニ風味かまぼこ…3本
小口ねぎ…8g
片栗粉…大さじ3
だしの素…小さじ½
しょうゆ…小さじ½
ごま油…小さじ2

下ごしらえ

豆腐≫キッチンペーパーで包み、耐熱皿にのせて電子レンジ500Wで3分加熱し、水気を切る
カニ風味かまぼこ≫ほぐして3等分に切る

作り方

① ボウルに豆腐、カニ風味かまぼこ、小口ねぎ、片栗粉、だしの素、しょうゆを入れてよく混ぜる。
② フライパンにごま油を熱し、①をスプーンで落とし、両面焼き色がつくまで焼く。

Point
■絹ごし豆腐でも作れます。

09/03

にんにくしょうゆの冷凍唐揚げ

25min

OK

冷凍2週間

肉

材料（2人分）

鶏もも肉…2枚（500g）
塩・こしょう…少々
片栗粉…適量
A
酒…大さじ1
しょうゆ…大さじ1
しょうが（すりおろし）…小さじ1
にんにく（すりおろし）…小さじ1
サラダ油…適量

下ごしらえ

鶏肉≫余分な脂身と皮を取り除き、大きめのひと口大に切り、塩・こしょうをふる

作り方

①ボウルに鶏肉とAを入れて揉み込み、落としラップをして15分漬け込む。
②①に片栗粉をまぶし形を整える。
③フライパンにサラダ油を入れ170℃に熱し、②を入れて揚げる。こんがりときつね色になったらバットに上げて油を切る。
④粗熱が取れたら3個ずつ小分けにしてラップに包む。保存袋に入れて口を閉じ、冷凍庫で保存する。

食べるときは

2包み分を凍ったまま電子レンジ600Wで2分ほどで加熱するか、アルミホイルを敷いた天板にのせてトースターで5分加熱してくださいね。

Point

■小分けで冷凍しておくとお弁当にも手軽に使えて便利です♪
■電子レンジによって解凍時間が異なりますので調節してくださいね。

09/04

にんじんのごまみそあえ

材料（2人分）

にんじん…1本

A
- 砂糖…ひとつまみ
- しょうゆ…小さじ1
- みそ…小さじ2
- マヨネーズ…小さじ2
- ごま油…小さじ1
- 白すりごま…大さじ2

野菜
冷蔵 2~3日間
OK

下ごしらえ

にんじん≫2㎜厚さの短冊切り

作り方

① にんじんを耐熱容器に入れてふんわりとラップをかけ、電子レンジ600Wで1分加熱し、キッチンペーパーで押さえて水気を取る。

② ボウルにAを入れてよく混ぜ合わせ、①を加えてさっとあえる。

Point

■にんじんは少し厚めに切ることで食感が楽しめます。

■にんじんは食感を楽しむために、様子をみながら加熱してくださいね！

@aya_aya1128

09/05

万能お揚げ

材料（作りやすい分量）

油揚げ…6枚

A
- みりん…大さじ4
- きび砂糖…大さじ$3\frac{1}{2}$
- しょうゆ…100㎖
- だしの素…小さじ$1\frac{1}{3}$
- 水…600㎖

ご飯
冷蔵 2~3日間
OK

作り方

① 油揚げに菜箸をあてて、ころころと転がす。

② ①を半分に切ってザルにのせ、熱湯をかけて油抜きをする。キッチンペーパーで軽くおさえて水気を切る。

③ 鍋に②とAを入れて、煮立たせる。

④ 落としぶたをして弱火で25分ほど煮る。

Point

■冷凍保存する場合は、水気を軽く絞ってラップに包んでください。

食べるときは

電子レンジで加熱して解凍します。うどんに入れてきつねうどんにしたり、混ぜごはんを詰めていなり寿司にしたりして楽しんでください。

@cafe_mako

10min

09/06

長ねぎとしいたけの万能肉みそ

ご飯

冷蔵 2~3日間

OK

材料(2人分)

- 豚ひき肉…200g
- しいたけ…2本
- 長ねぎ…1本
- しょうが…1片
- A 酒…大さじ1
- A 砂糖…大さじ1½
- A みりん…大さじ1
- A しょうゆ…大さじ1
- A 合わせみそ…大さじ2
- サラダ油…大さじ1

下ごしらえ

しいたけ≫石づきを切り落とし、みじん切り

長ねぎ、しょうが≫みじん切り

作り方

① フライパンにサラダ油を熱し、しょうがを入れて弱火で炒め、香りが立ったらひき肉を入れて色が変わるまで炒める。

② しいたけ、長ねぎを加えて炒め合わせ、Aを加えて煮詰める。

Point

■お好みで豆腐の上やご飯にたっぷりのせて召し上がれ。

■辛くしたい場合は、豆板醤を小さじ1ほど加えてもおいしいです。

30min

09/07

手羽元のマーマレード煮

肉

冷蔵 2~3日間

OK

材料(2人分)

- 鶏手羽元…10本
- にんにく…1片
- 水…100㎖
- マーマレード…100g
- しょうゆ…大さじ3
- サラダ油…小さじ2

下ごしらえ

にんにく≫薄切り

作り方

① フライパンにサラダ油を熱し、手羽元を焼く。

② 焼き色がついたら、余分な油を拭き取り、にんにく、水、マーマレード、しょうゆを加え、煮立ったら落としぶたをし、20分ほど弱めの中火で煮込む。

③ 落としぶたを取り、中火にして煮汁を煮詰め、手羽元に絡める。

Point

■今回は手羽元を使用しましたが、手羽先や鶏もも肉でも代用できます。

09/08

ピリ辛ぷりぷりエビチリ

⏱20min　OK（電子レンジ）　冷蔵 2~3日間　魚

材料（3人分）

- むきえび…350g
- 長ねぎ…½本
- にんにく（みじん切り）…1片分
- しょうが（みじん切り）…1片分
- 豆板醤…小さじ1½
- サラダ油…大さじ8
- ごま油…少々

A
- 酒…小さじ2
- 塩・こしょう…少々
- 片栗粉…大さじ2

B
- 酒…大さじ1
- 砂糖…大さじ1½
- 塩…ひとつまみ
- しょうゆ…小さじ2
- ケチャップ…大さじ4
- 鶏ガラスープの素…小さじ1
- 片栗粉…小さじ2
- 水…100ml

下ごしらえ

むきえび≫背わたを取り、水で洗う

長ねぎ≫みじん切り

B≫混ぜ合わせる

作り方

① ボウルにえびとAを入れて揉み込む。

② フライパンにサラダ油（大さじ6）を熱し、①を揚げ焼きにし、取り出す。

③ フライパンをきれいにし、サラダ油（大さじ2）と豆板醤を弱火で熱し、にんにく、しょうがを加えて香りが出るまで弱火で炒める。

④ ③に長ねぎを加えて炒め、Bを加える。ひと煮立ちしてとろみがついたら②を戻し入れて煮絡め、ごま油を加える。お好みで炒り卵を添えたり、糸唐辛子や万能ねぎなどをトッピングする。

Point

■炒り卵と一緒にお弁当に入れると彩りもよくおすすめです。その場合、卵は完全に火を通してくださいね。

@en.ym1021

⏱20min

09/09

ささみチーズつくね

肉
冷蔵 2~3日間
OK

材料（2人分）

鶏ささみ…5本
大葉…4枚
プロセスチーズ…4個
A
塩・こしょう…少々
酒…大さじ1
マヨネーズ…大さじ1
片栗粉…大さじ1
水…大さじ1
サラダ油…大さじ1

下ごしらえ

鶏ささみ≫筋を取り除き細切り
大葉≫せん切り
プロセスチーズ≫1cm角に切る

作り方

1. 鶏ささみ、大葉、プロセスチーズ、Aをボウルに入れ混ぜ合わせる。スプーンで8分の1量ずつすくい成形する。
2. フライパンにサラダ油を熱し、①を両面を焼く。
3. 水を加えてふたをし、中火で5分蒸し焼きにする。

Point
■大葉のかわりに梅肉や刻みのりなどでアレンジしてもおいしいです。

⏱15min

09/10

うずらとこんにゃくのピリ辛炒め

その他
冷蔵 2~3日間
OK

材料（2人分）

うずらの卵（水煮）…12個
こんにゃく…1枚（200g）
長ねぎ…1本
A
酒…大さじ1
みりん…大さじ1
砂糖…大さじ1
しょうゆ…大さじ1 ½
コチュジャン…大さじ1
にんにく（すりおろし）…小さじ½
ごま油…大さじ1

下ごしらえ

うずらの卵≫汁気を切る
こんにゃく≫ひと口大にちぎる
長ねぎ≫3cm長さに切る
A≫混ぜ合わせる

作り方

1. 耐熱ボウルにこんにゃくとかぶるくらいの水を入れて電子レンジ600Wで2分加熱し、水気を切る。
2. フライパンにごま油を熱し、うずらの卵、長ねぎを入れて炒める。全体にこんがりと焼き色がついたら①のこんにゃくを入れ、さらに炒める。
3. Aを回し入れ、汁気がなくなるまで炒め煮にする。お好みで万能ねぎや一味唐辛子をトッピングする。

Point
■しっかりと汁気がなくなるまで炒め煮することで味が染み込み、さらにおいしくなります。

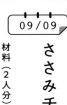

20min

09/11

鶏ささみの梅しそロール焼き

肉

冷蔵 2~3日間

OK

材料（2人分）

鶏ささみ…3本
塩・こしょう…少々
梅干し…3個
大葉…6枚
ごま油…適量

下ごしらえ

梅干し≫種を取り除き、たたく
鶏ささみ≫筋を取り除き、厚さを半分にする

作り方

① 鶏ささみはラップをかぶせてめん棒でたたき広げて、塩・こしょうをふる。
② ①に梅干しを塗り、大葉を1枚のせて巻き、手で密着させる。残りも同様に巻く。
③ アルミホイルを敷いた天板に②の閉じ目を下にして並べる。
④ ごま油を表面に塗り、トースターで8~10分焼く。

Point
■鶏ささみはたたいて薄めに広げると、火の通りが早くなります。

10min

09/12

ねぎみそチーズ漬け

その他

冷蔵 2~3日間

材料（2人分）

クリームチーズ…90g
長ねぎ…30g
A
にんにく（すりおろし）…小さじ½
みりん…大さじ1
砂糖…小さじ2
合わせみそ…大さじ2½

下ごしらえ

クリームチーズ≫1cm角に切る
長ねぎ≫みじん切り
みりん≫電子レンジ600Wで30秒加熱する

作り方

① 長ねぎ、Aを混ぜ合わせる。
② ラップの上に①の半量、クリームチーズをのせてさらに残りの①を回しかける。密閉保存袋に入れ密閉させたら、冷蔵庫でひと晩漬け込む。

Point
■豆板醤を少量加えるのもおすすめです。
■クリームチーズ以外のお好みのチーズでも作れます。

⏱25min

09/13

さといもとうずら卵のピリ辛煮

野菜
冷蔵 2~3日間
OK

材料（2人分）

さといも…5個（300g）
うずらの卵（水煮）…12個
だし汁…100mℓ
A
酒…大さじ2
みりん…大さじ1
砂糖…大さじ2
しょうゆ…大さじ2
赤唐辛子（輪切り）…少々
ごま油…大さじ1

下ごしらえ

さといも≫水洗いし、皮付きのまま耐熱皿に入れ、ふんわりとラップをかけて電子レンジ600Wで3分加熱する。軽く粗熱を取ったら皮をむき、大きいものは半分に切る

作り方

① フライパンにごま油、赤唐辛子を入れて火にかけ、さといもを軽く炒める。
② 油がまわったら、うずらの卵、だし汁、Aを加えてひと煮立ちさせ、落としぶたをして弱火で10分煮込む。
③ 落としぶたをはずして強火にし、フライパンを揺すりながら煮詰める。

Point
■さといもはレンジで加熱すると簡単に皮がむけます。
■さといものぬめりが気になる場合は、皮をむいたあとに塩を揉み込むようにこすり、水で洗い流してください。

⏱25min

09/14

なすと鶏肉のバタポン炒め

肉
冷蔵 2~3日間
OK

材料（2人分）

鶏もも肉…300g
塩・こしょう…少々
なす…2本
しめじ…70g
バター（無塩）…15g
ポン酢…大さじ2

下ごしらえ

鶏肉≫大きめのひと口大に切り、塩・こしょうをふる
なす≫縦6等分にくし形切りにし、長さを半分に切る
しめじ≫石づきを切り落としてほぐす

作り方

① フライパンでバターを熱し、鶏肉を炒める。鶏肉に焼き色がついたらなすを入れ、次にしめじを加えて炒める。
② 全体に火が通ったらポン酢を回し入れ、サッと混ぜ合わせる。お好みで万能ねぎをのせる。

Point
■炒めすぎると食材の色が悪くなってしまうので、できるだけサッと炒めるのがポイントです。
■お肉は豚肉を使ってもおいしくできます。

09/15

うま辛きのこラー油

きのこ
冷蔵 2~3日間
OK

15min

材料（作りやすい分量）

しいたけ…3枚
エリンギ…½パック
えのきだけ…½袋
にんにく（みじん切り）…2片分
しょうが（みじん切り）…2片分
ごま油…60㎖
サラダ油…50㎖
A 砂糖…大さじ1
A 塩…ひとつまみ
A しょうゆ…大さじ2½
A 一味唐辛子…大さじ½
A 白いりごま…大さじ1
A コチュジャン…小さじ1

下ごしらえ

しいたけ≫5㎜厚さの薄切り
エリンギ≫2等分にし、薄切り
えのき≫石づきを切り落とし3等分に切り、ほぐす

作り方

① フライパンにごま油、サラダ油、にんにく、しょうがを入れて、弱火で温め、香りが立ったらきのこ類を加えてしんなりするまで5分ほど煮詰める。
② 火を止めて、Aを加えて混ぜ合わせる。

Point
■油の温度が上がりすぎてしまった場合は、濡れ布巾の上などにフライパンをのせてください。
■お好みで最後に砕いたナッツを加えると、違った食感が楽しめます。

09/16

ねぎ塩れんこんのシャキシャキ鶏つくね

肉
冷蔵 4~5日間
OK

30min

材料（2人分）

鶏ひき肉…300g
長ねぎ…1本
れんこん…100g
A 酒…大さじ1
A 塩・こしょう…ひとつまみ
A 鶏ガラスープの素…小さじ2
A 片栗粉…大さじ1
A ごま油…大さじ½
白いりごま…20g
サラダ油…大さじ½

下ごしらえ

長ねぎ、れんこん≫みじん切り

作り方

① ボウルにひき肉、長ねぎ、れんこん、Aを入れて粘りが出るまでこねる。
② ①を8等分にして円形に整え、片面に白いりごまをまぶす。
③ フライパンにサラダ油を熱し、②を並べ入れて焼く。片面に焼き色がついたら裏返してふたをし、弱火で5分蒸し焼きにする。

Point
■つくねの大きさによって火の通りに差が出るので、焼き時間は調整してください。
■スパイシーな味がお好みの場合はこしょうを多めに入れてもおいしいです。

09/17

甘辛しみしみ牛ごぼうご飯の素

30min

OK

冷凍 2週間

ご飯

材料（4食分）

牛肉（薄切り）…200g
ごぼう…150g
しょうが…1片
A
みりん…大さじ1
酒…大さじ1
砂糖…大さじ3
しょうゆ…大さじ4
サラダ油…大さじ1

下ごしらえ

ごぼう≫縦半分に切り、斜め薄切りにしたら酢水（分量外）に5分さらす
しょうが≫せん切り

作り方

① フライパンにサラダ油を熱し、しょうがを入れて香りがたったら、牛肉、ごぼうを加え火が通るまで炒める。
② Aを順に入れ、煮汁が少なくなったら火からおろし、粗熱を取る。
③ 2等分にして密閉保存袋に入れ、しっかり空気を抜いて、口を閉じ冷凍庫で保存する。

食べるときは

1袋を冷蔵庫で半解凍し、耐熱ボウルに入れてラップをふんわりとかけ、電子レンジ600Wで2分加熱します。温かいご飯に混ぜ、白いりごまを散らし完成です（1袋に対し、ご飯250gが目安です）。

09/18

玉ねぎの焼きびたし

野菜
冷蔵 2~3日間
OK

材料（2人分）

玉ねぎ…2個
オリーブオイル…大さじ2
だしの素…小さじ1 1/3
水…150ml
酒…大さじ1
A みりん…大さじ1 1/2
しょうゆ…大さじ1 1/2
しょうが（すりおろし）…小さじ1
赤唐辛子（輪切り）…1本分

下ごしらえ

玉ねぎ≫1cm厚さの輪切り

作り方

① フライパンにオリーブオイルを熱し、玉ねぎを両面焼く。こんがりと焼き色がついたら取り出す（フライパンに一度に入りきらないため、何度かに分けて繰り返す）。
② 鍋にAを入れて煮立たせる。
③ ①を保存容器に移して②を注ぐ。

Point
■玉ねぎは崩れやすいので焼くときに頻繁に裏返さないようにするとキレイに仕上がります。
■熱いうちにひたすと味が染み込みやすくなります。

09/19

じゃがいものバター焼き

野菜
冷蔵 2~3日間
OK

材料（2人分）

じゃがいも…2個
ベーコン…4枚
バター（有塩）…20g
塩・こしょう…少々

下ごしらえ

じゃがいも≫ひと口大に切り、5分水にさらす
ベーコン≫1cm幅に切る

作り方

① 鍋にじゃがいもとかぶるくらいの水を入れて火にかけ、沸騰したら弱火で7~8分ゆでる。竹串がスッと通るくらいになったらザルに上げる。
② フライパンにバターを熱し、溶けたら、ベーコンを炒める。焼き色がついてきたら①を加えてさらに炒める。
③ 塩・こしょうで味を調え、お好みでパセリを散らす。

Point
■じゃがいもは先にゆでるとホクホクとした食感に仕上がります。
■ひと口大に切ってからゆでるとゆで時間を短縮できます。

09/20

かぼちゃのはちみつレモン煮

野菜　冷蔵 2~3日間　OK

20min

材料（2人分）

かぼちゃ…100g
A
- レモン（国産）…½個
- はちみつ…大さじ1
- レモン果汁…小さじ2

水…200ml

下ごしらえ

かぼちゃ≫3cm厚さのひと口大に切る
レモン≫5mm厚さの輪切り

作り方

鍋にかぼちゃ、A、水を入れ、落としぶたをして弱火で15分煮込む。

Point
- ■火が強すぎると煮崩れるので弱火でじっくり煮込んでくださいね。
- ■レモンは必ず国産のものを使用してください。

09/21

万能みそ玉

その他　冷凍 2週間　OK

10min

材料（10個分）

合わせみそ…130g
赤みそ…20g
乾燥わかめ…5g
だしの素…大さじ1
かつおぶし…小さじ1

〈具材〉
- 桜えび…3g
- 切り干し大根…3g
- とろろ昆布…3g
- 花麩…3g
- 白いりごま…3g

作り方

①ボウルに合わせみそ、赤みそ、乾燥わかめ、だしの素、かつおぶしを入れ混ぜ合わる。
②ラップの上に、桜えび2分の1量、①10分の1量をのせ丸く形を整える。同じように、切り干し大根、とろろ昆布、花麩、白いりごまもそれぞれ丸く形を整える。それぞれ2つずつ同じものを作り、冷凍庫で保存する。

Point
- ■かつおぶしのかわりに、だしパックの中身でもOK。

食べるときは　1つあたり180mlの熱湯を注いでください。

09/22

ひと口ナポリタン

麺　冷凍2週間　OK

材料（6個分）

サラダパスタ…100g
玉ねぎ…1/4個
ピーマン…1個
ソーセージ…3本
サラダ油…大さじ1
コンソメ…小さじ1
水…200㎖
A ケチャップ…大さじ3
　塩…少々
　黒こしょう…少々
粉チーズ…少々
パセリ（みじん切り）…少々

下ごしらえ

玉ねぎ≫薄切り
ピーマン≫細切り
ソーセージ≫5㎜厚さに切る

作り方

① フライパンにサラダ油を熱し、玉ねぎ、ピーマン、ソーセージを炒め、しんなりしたらサラダパスタ、コンソメ、水を加えふたをする。ときどきかき混ぜながらパスタの袋の表記時間のとおりにゆでる。

② Aを加えて全体を混ぜ合わせたら火からおろして粗熱を取る。

③ おかずカップに入れ、粉チーズ、パセリをトッピングし、冷凍する。

食べるときは
お弁当に入れる際には一度レンジで加熱し、よくさましてから入れてください。

09/23

しいたけの佃煮

きのこ　冷蔵2~3日間　OK

材料（作りやすい分量）

しいたけ…200g
しょうが…2片
A 水…100㎖
　酒…大さじ3
　みりん…大さじ2
　砂糖…大さじ2
　しょうゆ…大さじ2
酢…小さじ1

下ごしらえ

しいたけ≫石づきを取る
しょうが≫せん切り

作り方

① 鍋にしいたけ、しょうが、Aを入れて煮立たせ、落としぶたをして弱火で20分ほど煮る。

② 汁気がなくなるまで煮て、酢を加える。

Point

■今回は小さめのしいたけを使用しています。大きめのしいたけの場合は薄切りにしてください。

■最後に酢を加えると味がしまります。お好みで山椒をふりかけてもおいしいです。

09/24

ミニかぼちゃコロッケ

20min

OK

冷凍 2週間

野菜

材料（6個分）

かぼちゃ…200g
豚ひき肉…50g
玉ねぎ…1/8個
さやいんげん…1本
A
　塩…少々
　こしょう…少々
　カレー粉…小さじ1 1/2
　コンソメ…小さじ1
水溶き小麦粉…大さじ4
（水…大さじ2
　小麦粉…大さじ2）
パン粉…適量
バター（有塩）…10g

下ごしらえ

かぼちゃ≫耐熱ボウルに入れ、ふんわりラップをかけて電子レンジ600Wで3分30秒加熱
玉ねぎ≫みじん切り
さやいんげん≫ラップに包んで電子レンジで30秒加熱し、6等分に切る

作り方

① 加熱したかぼちゃを熱いうちに潰す。
② フライパンにバターを熱し、ひき肉を炒める。肉の色が変わったら玉ねぎを加えて炒める。
③ 玉ねぎがしんなりしてきたらAを加えて炒め、①のボウルに入れてよく混ぜる。
④ 6等分にして丸め、水溶き小麦粉にくぐらせ、パン粉をまぶす。
⑤ アルミホイルを敷いた天板に並べ、250℃のトースターで5分ほど焼く。取り出して天辺を菜箸でくぼませ、粗熱を取る。
⑥ くぼませたところにさやいんげんを刺す。カップに移して保存容器に入れ、ふたを閉めて冷凍庫で保存する。

Point

■ラップで包むと丸めやすいです。形崩れしないように、ぎゅっときつめに丸めてくださいね。

食べるときは

食べる半日前に冷蔵庫に移して解凍し、電子レンジ600Wで30秒〜1分加熱します。

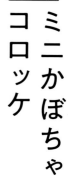

09/25

ブロッコリーの梅おかかあえ

10min

野菜
冷凍 2週間
OK

材料（6個分）

ブロッコリー…½株
めんつゆ（3倍濃縮）…大さじ½
梅肉…1個分
かつおぶし…4g

下ごしらえ

ブロッコリー≫小房に分ける

作り方

① 鍋にたっぷりの湯を沸かし、塩（分量外）を加えてブロッコリーをゆでる。1分30秒ほどゆでたら水気を切り、キッチンペーパーで水気を拭き取る。
② ボウルに①、めんつゆ、梅肉を入れて混ぜ、かつおぶしを加える。
③ おかずカップに移し、保存容器に入れ、しっかりとふたを閉め冷凍庫で保存する。

食べるときは
食べる半日前に冷蔵庫に移して解凍し、電子レンジ600Wで30秒加熱します。

09/26

大根の甘辛だれ漬け

10min

野菜
冷蔵 2〜3日間
OK

材料（2人分）

大根…⅓本
A
酒…50mℓ
砂糖…60g
酢…大さじ2
しょうゆ…120mℓ
にんにく（すりおろし）…小さじ1
赤唐辛子（輪切り）…1本分
ごま油…大さじ1

下ごしらえ

大根≫1cm角の拍子木切り

作り方

① 大根に塩少々（分量外）をふって5分ほど置き、余分な水気を拭き取り、保存瓶に入れる。
② 小鍋にAを入れ、ひと煮立ちさせて粗熱を取る。
③ ①に②を注ぎ入れ、冷蔵庫で半日〜1日ほど漬け込む。

Point
■大根は塩揉みして余分な水分を拭き取ると、味がなじみやすくなりますよ。
■漬け込んだ大根は、時間の経過とともに、ポリポリした食感からやわらかい食感になりますのでお好みの食感を楽しんでくださいね。

09/27

きのこバター

15min

その他
冷蔵 4~5日間

材料（作りやすい分量）

しめじ…1パック
しいたけ…3枚
まいたけ…½パック
にんにく…2片
バター（無塩）…40g
オリーブオイル…大さじ2
白ワイン…大さじ1
塩…小さじ½

下ごしらえ

しめじ、しいたけ、まいたけ≫石づきを取り除き、1cmに切る
にんにく≫みじん切り
バター≫常温に戻す

作り方

① フライパンにオリーブオイル、にんにくを熱し、香りが立ったらきのこ類、塩を加えてしんなりするまで炒める。
② 白ワインを加えて水分を飛ばし、粗熱をとってからフードプロセッサーに入れてバターを加え、撹拌する。

Point
■バターは常温に戻すことで撹拌するときにムース状に仕上がります。

09/28

照り焼きハンバーグ

20min

肉
冷蔵 2~3日間
OK

材料（8個分）

合いびき肉…400g
玉ねぎ…1個
卵…1個
A
パン粉…20g
牛乳…大さじ3
しょうが（すりおろし）…小さじ1
塩・こしょう…少々
B
酒…大さじ2
みりん…大さじ2
砂糖…大さじ2
しょうゆ…大さじ2
片栗粉…小さじ1
サラダ油…大さじ1

下ごしらえ

玉ねぎ≫みじん切り。耐熱ボウルに入れ、電子レンジ600Wで2分加熱し、粗熱をとる
パン粉≫牛乳にひたす
B≫混ぜ合わせる

作り方

① ボウルにひき肉、玉ねぎ、卵、Aを入れて粘りが出るまでよく混ぜる。8等分にして小判形に成形し、中心をくぼませる。
② フライパンにサラダ油を熱し、①を並べ入れて強火で両面焼く。焼き色がついたらふたをして弱火で5分蒸し焼きにする。
③ 余分な油をキッチンペーパーで拭き取り、Bを加えて全体に煮絡める。

⏱10min

09/29

紫キャベツのマリネ

野菜

冷蔵 1~2日間

OK

材料（2人分）

紫キャベツ…250g
塩…ひとつまみ
A
塩…小さじ⅓
酢…大さじ2
はちみつ…大さじ1
オリーブオイル…大さじ3

下ごしらえ

紫キャベツ≫せん切り

作り方

① 紫キャベツをボウルに入れて塩揉みし、そのまま5分ほど置き、出てきた水分を絞る。
② Aを混ぜ合わせて、①に加えざっくりとあえる。

Point

■お好みでチーズやナッツ類を加えるのもおすすめです。
■はちみつは砂糖にしてもおいしく作れます。

⏱10min

09/30

塩昆布の無限かぼちゃ

野菜

冷蔵 2~3日間

OK

材料（2人分）

かぼちゃ…⅙個（350g）
ごま油…大さじ2
ツナ缶…1缶（70g）
塩昆布…20g

下ごしらえ

かぼちゃ≫薄切りにして2cm幅に切る
ツナ缶≫油を切る

作り方

① かぼちゃとごま油を耐熱ボウルに入れ、ふんわりとラップをかけて電子レンジ600Wで5分加熱する。
② ①にツナ、塩昆布を加えて混ぜ合わせ、お好みで白いりごまをふる。

Point

■かぼちゃは火を通しすぎると形が崩れてしまうので、様子を見て加熱時間を調節してください。
■お好みでマヨネーズを入れるとコクが増しますよ。サンドイッチの具材にもおすすめです。

Column 12

余った食材で作れる
冷凍ミックスのすすめ

たくさん買ってきたけど使い切れない野菜や、
作りおきおかずを作るつもりで買ってきたきのこ類が余ってしまった…
そんなときは、切って冷凍しておくだけで大活躍する
冷凍ミックスを作っておきましょう。2～3週間をめどに使い切るのが◎。

きのこミックス

材料

しめじ、まいたけ、しいたけ、えのき、エリンギなどお好みのきのこを自由に組み合わせる

作り方

石づきを取ってほぐし、保存密閉袋に入れて冷凍庫にIN！

おすすめの使い方

きのこはすぐ火が通るので冷凍した状態のまま調理してOK。

- みそ汁やスープの具として
- 炒め物の具に
- きのこパスタの具材に
- 魚のホイル蒸しに

根菜ミックス

材料

にんじん、大根、れんこん、ごぼうなどお好みの根菜を自由に組み合わせる

作り方

にんじんと大根はいちょう切りに、れんこんとごぼうは薄切りにして保存密閉袋に入れて冷凍庫にIN！

おすすめの使い方

冷凍した状態のまま調理してOK。大根は一度冷凍すると味が染み込みやすくなります。

- 豚汁やけんちん汁の具に
- うどんの具に
- 細切りで保存しておけば、炒めてきんぴら風に

薬味セット

材料

小口ねぎ、しょうが、みょうが、大葉などお好みの薬味

作り方

小口ねぎは輪切りに、しょうが、みょうが、大葉はせん切りに。水気をよく拭き取り、それぞれをプラスチック容器や密閉保存袋に入れ、冷凍庫で保存。途中で取り出して振ると固まりにくくなります。

おすすめの使い方

- 素麺やそば、うどんの薬味に
- 小口ねぎはいろいろな料理の彩りに
- 餃子やチャーハンの具材に

INDEX

Epilogue

種類豊富な365日の作りおきレシピは
いかがでしたか？
お気に入りのレシピは見つかりましたか？
macaroniでも大人気の作りおき、
作っておくとちょっとした一品が
いつでも食べられて本当に便利ですよね。
本書は、過去にmacaroniで
紹介したレシピをまとめた一冊です。
＊本をまとめるにあたり、表記や作り方を
一部変更している部分があります。
毎日の食卓をちょっとうれしく、おいしく。
あなたのおうちのごはんに
少しでもお役に立てますように。

macaroni［マカロニ］

「食からはじまる、笑顔のある暮らし。」がテーマのライフスタイルメディア。
献立作りに役立つレシピ動画、注目のテーブルウェアやキッチングッズ情報、
人気インスタグラマーのコラムなど、
食と暮らしに役立つ情報を毎日お届けしている。
また、8,000人以上*が登録をしている「マカロニメイト」や、
食と暮らしのセレクトストア「macaroni store(マカロニストア)」を運営。
*2020年10月時点
ホームページ:https://macaro-ni.jp

デザイン
大橋千恵(Yoshi-des.)

編集協力
須川奈津江

DTP
東京フォトカラープロセス

校正
麦秋アートセンター

365日《にち》の作《つく》りおき
毎日《まいにち》かんたん、毎日《まいにち》おいしい。

2020年10月28日　初版発行
2021年 5 月15日　3 版発行

著者／macaroni《マカロニ》

発行者／青柳　昌行

発行／株式会社KADOKAWA
〒102-8177　東京都千代田区富士見2-13-3
電話　0570-002-301（ナビダイヤル）

印刷所／凸版印刷株式会社

●お問い合わせ
https://www.kadokawa.co.jp/（「お問い合わせ」へお進みください）
※内容によっては、お答えできない場合があります。
※サポートは日本国内のみとさせていただきます。
※Japanese text only

定価はカバーに表示してあります。

ISBN 978-4-04-604790-8 C0077